家庭教育专家系列

好妈妈送给

青春期女孩的礼物

李少聪 著

（完全图解版）

朝華出版社
BLOSSOM PRESS

亲爱的女儿，不知从什么时候开始，你的身高不断增长，胸部逐渐隆起，你慢慢变成了一个亭亭玉立的大姑娘。这个时候，你是否意识到自己已经长大，已经进入青春期了呢？

在生命的长河里，每个女孩都会经历一个特殊的时期——青春期。青春期是一个过渡时期，是你由少年向成年过渡的时期；青春期是一个发展时期，是你身体逐步发育成熟的时期；青春期是一个变化时期，是你身心变化最为迅速且明显的时期；青春期是一个反抗时期，是你拥有强烈的独立意识、反抗意识的时期；青春期是一个负重时期，是你承担着学习压力和父母期望，还要应对成长过程中各种问题的时期。

然而，伴随着青春期而来的不仅有紧张不安，更有惊喜不断——你会发现自己的身体在悄然变化，你由一个懵懂孩童变成了美丽少女。青春期不仅有鲁莽冲动，更有细腻敏感的心思——你的心智慢慢成熟，越来越关注自己，越来越重视别人对你的评价，越来越渴望独立和自由。青春期有的不仅有矛盾困惑，还有怦然心动——关于异性的小秘密，你是那么好奇，你是那么希望与异性接触。

像很多青春期女孩一样，在没有了解青春期知识之前，当碰到青春期各种困惑时，如果没有勇气向妈妈请教，你就很容易误解自己生理、心理等方面的变化。因此，我们完全有理由说青春期是一个复杂的时期，但如果了解了自己生理、心理等方面的变化，你就会发现青春期其实是一个简单的时期。

本书汇集了女孩羞于向妈妈启齿的私密问题，它是忙于工作和家务的妈妈了解孩子及学习的好帮手，也是青春期女孩了解自己、读懂自己内心的知心朋友。本书的特色在于在每个青春期故事后面都有针对性地附上了"专家解读""延伸阅读"和"妈妈说给@青春期女孩的话",其中"专家解读"从专业知识出发,"延伸阅读"将专业知识通过图解的形式呈现出来,而"妈妈说给@青春期女孩的话"里则流露着妈妈对女儿的爱和关怀、指导和帮助,这种温馨的方式很好地避免了面对面交流时的尴尬,让孩子在阅读的时候,能感受到一份来自妈妈的暖暖的爱。

　　本书从各个方面对处于青春期的女孩进行了深入剖析,对于忙碌的妈妈们来说,把这本书送给女儿,那是再好不过的礼物了,它既能减轻妈妈对女儿进行性教育的压力,又能使女孩在了解青春期知识时不再感到羞涩和难堪。可以说,有了这本书,女孩便可在妈妈的帮助下走出青春期困扰,变得彧来越优秀。

目录

第一章
不是秘密的秘密

　　每个人的心中都有一些小秘密，随着慢慢成长，那些我们无法言说的秘密将不再是秘密。因为它们会随着时间的慢慢展开，在你猝不及防时来到你的身边。

　　女孩进入青春期后，面对"大姨妈"的来临、胸部"小花苞"的隆起、个头长不高、脸上总长痘等一系列身体变化，会表现得很迷茫。相比书本上没有温度的知识，我们更喜欢妈妈的讲解和分析，那种温情值得我们一生回味。

"大姨妈"来的那天

人物	瑾汐
性格	腼腆、内向
困扰	"大姨妈"来了，我将不再是从前的我？
结论	"大姨妈"来了，并不是我生病了，而是我长大了

※ "大姨妈"悄无声息地来了

一天晚上，瑾汐从梦中醒来，感觉床单上湿漉漉的，她想着睡前并未弄湿床单，于是又接着睡去，但没几分钟，烦躁不安感一波接一波袭来，这时她清晰地意识到好像"那里"不太舒服。她把灯打开，看到内裤和床单上沾满血。那年瑾汐13岁，读初中一年级。那时生理卫生课的老师并未讲到初潮这件事，但她知道这就是其他同学和妈妈口中所说的"大姨妈"。由于是第一次，没有经验，瑾汐慌慌张张地敲开了妈妈的房门。

妈妈将瑾汐带到洗手间，摸着她的头说："宝贝，不要害怕，这是月经，以后每个月都会有一次，这也说明你是个大姑娘了！"说完，妈妈拿出一小包卫生巾，教瑾汐怎样拆开、怎样粘贴在内裤上，并告诉她，沾了血液的衣服要放在冷水里浸泡。

瑾汐害羞地将弄脏的内裤放进装着冷水的盆子里，正要动手洗时，妈妈拦住了她，说："宝贝，这个时候不能碰冷水。"说完，妈妈给瑾汐煮了一杯浓浓的红糖生姜水，然后又给她讲了很多经期保养的知识，还拿出一个小本子，记下了那天的日期，并告诉瑾汐："以后你可以把每次'大姨妈'来的那个日子记在这个本子上，还要记下肚子痛不痛、身体有什么变化，这件事可关系到你一辈子的健康和幸福哦！"

听了妈妈的话，喝着甜甜的红糖生姜水，瑾汐感到"大姨妈"也没什么可怕的，就像小时候掉牙齿一样，只是一个成长的标志而已。

专家解读

来"大姨妈"是少女进入青春期最明显的标志。初潮时，女孩可能会出现紧张、害怕、羞涩、好奇等复杂的情绪，身体方面会有腹胀、腹痛、腰酸、乏力、嗜睡、疲劳、颜面浮肿等不适，再加上紧张的学习压力，女孩的免疫力和适应力都会有不同程度的降低。

"大姨妈"的正常周期一般为 25～35 天，持续时间为 3～7 天。女孩初潮仅仅是生殖系统开始工作的表现，生殖系统的功能还没有成熟，所以在初潮后，"大姨妈"的周期往往还不太规律，有些女孩在半年甚至八九个月后才会来第二次，这都是很正常的。

"大姨妈"周期变得正常一般需要两年时间，因为刚进入青春期的女孩卵巢发育不成熟，功能还不稳定，未必会每月准时排卵。对这种不规律的现象，我们要有充分的认识，不要以为是得了病而乱服药，以免影响身体健康。随着女孩年龄的增长，月经周期逐渐会变得正常起来。

"大姨妈"的形成过程

"大姨妈"就是月经，是每个女孩开始进入性生理发育的标志。很多女孩一开始不了解为什么每个月都会有那么几天不舒服，是怎样形成"大姨妈"的。接下来，我们了解一下"大姨妈"形成的过程吧！

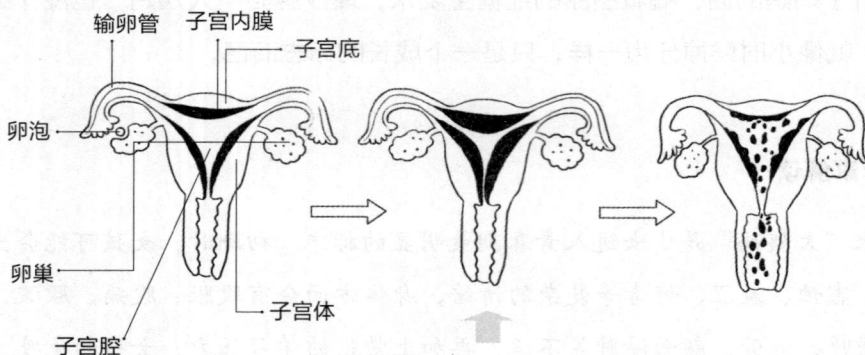

输卵管　子宫内膜
子宫底
卵泡
卵巢
子宫体
子宫腔

子宫内膜在雌激素、孕激素的作用下每月剥落一次，这就是有规律的月经，也就是我们常说的"大姨妈"

然而，雌激素、孕激素又是从哪儿来的呢

那就是卵巢

卵巢中孕育着卵泡，卵泡中孕育着卵子

卵泡在排卵前一直在分泌雌激素

排卵后卵泡变身为黄体，既分泌雌激素也分泌孕激素

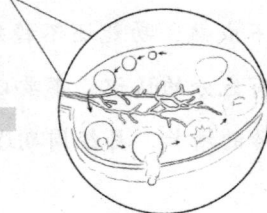

来"大姨妈"期间，我们应当注意什么？

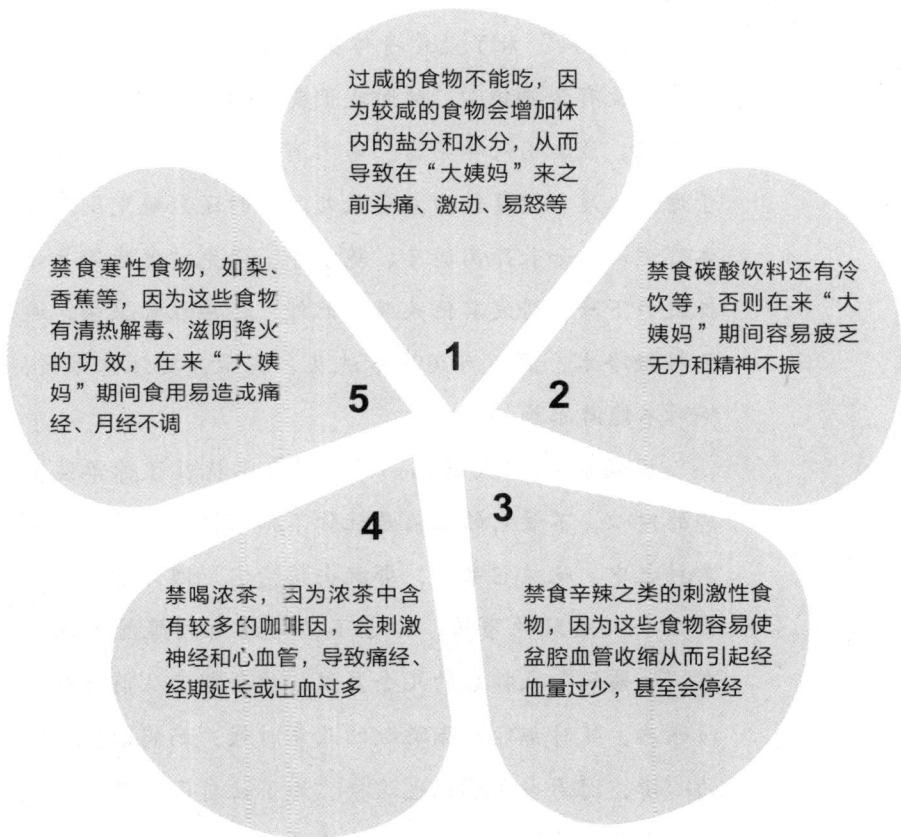

1 过咸的食物不能吃，因为较咸的食物会增加体内的盐分和水分，从而导致在"大姨妈"来之前头痛、激动、易怒等

2 禁食碳酸饮料还有冷饮等，否则在来"大姨妈"期间容易疲乏无力和精神不振

3 禁食辛辣之类的刺激性食物，因为这些食物容易使盆腔血管收缩从而引起经血量过少，甚至会停经

4 禁喝浓茶，因为浓茶中含有较多的咖啡因，会刺激神经和心血管，导致痛经、经期延长或出血过多

5 禁食寒性食物，如梨、香蕉等，因为这些食物有清热解毒、滋阴降火的功效，在来"大姨妈"期间食用易造成痛经、月经不调

子宫内膜只有在雌激素、孕激素同时作用下才能完成一次完美的剥落，也就形成了"大姨妈"

妈妈说给
@青春期女孩的话

"大姨妈"来了是你身体发育的必然经历，并不是生病，没有必要担心。此时我们要注意休息，保证充足的睡眠，多食用营养丰富、易于消化吸收的食物，这对于增强体质、恢复精力大有益处。同时还应避免剧烈的体育运动，如长距离骑车、跑步等，以免过度疲劳导致抵抗力下降，诱发其他疾病。此外，还应注意卫生，避免接触冷水，更不可用冷水洗头、洗澡，要注意保暖，绝对不能游泳等。

妈妈知道，"大姨妈"的突然来临扰乱了你单纯平静的内心，不管它的来临是让你不知所措，还是在你的意料之中，既然它来了，那就去接受它，因为它并不是什么令人羞耻的事情，你也不必为此感到尴尬。或许在"大姨妈"来临后的几个月里，你会留恋从前那种无所顾忌、随时都能蹦蹦跳跳的儿童时代，妈妈很理解你的心情，因为当年妈妈也这样。为了让自己的身体更健康，在"大姨妈"来临时，你要学会欣然接受它，然后在良好的心态下度过这几天特殊时期。

胸部"小花苞"渐渐隆起了

青春期
小档案

人物	许小夏
性格	活泼好动、乐观
困扰	最近总感觉胸部肿痛，还逐渐隆起
结论	自己长大了，就要成为大姑娘了

※ 别碰我，真的很疼

　　小夏是一名初一女生，她最近总觉得胸前有两个硬块似的东西，摸上去硬硬的，还隐隐发痛，而且还有明显的隆起。她非常担心，觉得自己是生病了，因此整日闷闷不乐。

　　一天上体育课时，小夏的胸部被球撞了一下，后来在与小伙伴一起玩耍时，又不小心被一个男生撞了一下，疼得她叫出声来。这天晚上，小夏悄悄地把妈妈叫到自己的房间，硬着头皮向妈妈说起今天体育课上发生的囧事。妈妈听后，不但毫无担忧，反而高兴地说："我的女儿长大了，只要是女孩都会这样的。从现在开始，你就是大姑娘了，你的身体正积极准备着呢。""真的吗？这真的表明我在长大吗？"小夏疑惑地问。

　　妈妈告诉小夏，等胸部"小花苞"长大之后就不会再疼了。胸部肿痛的事终于真相大白了，小夏明白了这是每个女孩子都会经历的过程，妈妈是这样，她也是这样。

专家解读

女孩进入青春期后，身体有了明显的变化，不但胸部开始隆起，而且还会有硬硬的"小花苞"，摸上去还隐隐作痛。如果你也与小夏有同样的感受，不用担心，这是胸部发育过程中正常的生理现象，大多数女孩都会在胸部发育时有这种疼痛感。

一般来说，女孩的乳头从9～10岁开始长大，出现"乳蕾"，乳头周围色素开始沉着，乳晕不断向周围扩大。在这个阶段胸部不会有特别的感觉，女孩也就不大会注意到。

10～11岁时，乳腺逐渐发育，女孩才会感觉到胸部的变化：乳头周围颜色较深的部分开始隆起，感觉痒痒的、胀胀的；而且还有硬硬的"小花苞"，这其实是"乳核"，如果用手按压或不小心碰到这个部位，会感到疼痛。

随着乳房的不断发育，乳腺管与皮下脂肪日渐增多，乳房渐渐隆起成为半球形，明显高出胸部并富有弹性，乳晕和乳头的颜色变深，乳核慢慢不见了。3～4年后，乳房发育就接近成熟了，那种不舒服感也会渐渐消失。

有些女孩因为胸部出现"小花苞"会不知所措，还有一种莫名的反感心理。有些女孩会穿上又瘦又紧的内衣，把胸部勒得很紧，以达到掩盖胸部隆起的目的，这样做不仅影响乳房的正常发育，还会影响身体健康。

在青春发育期，要尽量避免自己的胸部被碰撞到；还要注意休息好，保持良好的心情，养成良好的生活习惯。

1. 内衣的正确穿戴方式

（1）上半身向前低斜 45°，手穿过肩带，让肩带挂在肩上。注意，如果是直立着穿内衣，很难将胸部全部放入内衣中，就会导致胸部变形。

（2）抬头挺胸，将肩带调整到感觉最舒服的位置。通常情况，内衣底部在乳房下方约 3 厘米的位置。

（3）保持向前倾的姿势，钩上后扣，将胸部拨入内衣中。接下来将胸部底线的脂肪、余肉拨入中间收拢集中，然后是腋下部分，最后是上边，这样可以使胸部呈现丰满状。

（4）检查一遍，整体对内衣进行细微的调整，直到感觉舒适为止。

2. 内衣的正确清洗方式

① 在清洗内衣时，最好用手洗，机洗很容易使内衣变形

② 清洗时，最好用冷水或温水浸泡一会儿，去除内衣上残留的汗液，然后轻柔地搓洗

④ 将洗好的内衣放在阴凉通风处晾干，不要放在阳光下暴晒，否则会导致其变黄或褪色

③ 洗好后不要用手拧干，可以用干毛巾包起来压干，然后整理好，用晾衣夹将内衣底部中间位置夹住挂起即可

妈妈说给
@青春期女孩的话

　　女儿，妈妈很高兴看到你的身体发生了变化，你知道吗？胸部鼓起的"小花苞"是美丽的标志。"小花苞"是你从小姑娘变成大姑娘的第一步。女孩到了一定的年龄，胸部便会开始发育。当然胸部发育会伴随着肿痛，你一定要保护好自己的"小花苞"，尽量避免一切碰撞。在胸部发育过程中，如果出现疼痛、肿块等现象，不用担心，要及时告诉妈妈，妈妈会陪你去看医生。

　　穿戴内衣和清洗内衣要用正确的方式，你不要嫌麻烦，要养成良好的生活习惯，这样可以远离疾病，保持身体健康，妈妈相信你有足够的耐心把这件事做好。

我用爸爸的剃须刀刮汗毛

青春期
小档案

人物	莫小言
性格	活泼、调皮
困扰	夏天到了，身上长出好多汗毛，最喜欢的裙子不能穿了，很苦恼
事件	听了好朋友的损招儿，偷拿爸爸的剃须刀把汗毛刮了

❋ 汗毛带来的小困扰，你可知晓？

进入青春期后，莫小言的手臂、小腿上长出了很多汗毛，夏天到了，她都不敢穿心爱的裙子上学了，害怕被同学嘲笑。这一天，莫小言把自己的苦恼告诉了好朋友小雅，小雅给她献了一计，让她用剃须刀把手上和腿上的汗毛刮掉。

第二天，莫小言就穿着裙子上学了，那种清凉惬意的感觉，让她心里美滋滋的。可是，一个星期之后，莫小言发现手上和腿上的汗毛又长出来了，而且比原来还多，颜色也比以前更黑。这下她慌了，为什么会这样呢？为什么它要偏偏与我作对呢？于是，她又躲进洗手间里拿着爸爸的剃须刀刮汗毛。但这一次被妈妈发现了，妈妈笑着对她说："傻女儿，汗毛不能用剃须刀刮，这样很容易引起皮肤过敏，每个人都会长汗毛，它是帮助我们排汗的'功臣'，你要摆正心态接纳它。"

"好吧，都怪小雅给我出的馊主意，现在长出来的汗毛比之前的更多、更黑、更粗了。"小言后悔地说。

专家解读

汗毛是我们身体的一部分，随着皮肤的发育而生长。仔细观察后，你会发现，在皮肤上，除了手掌、脚底、口唇、手指和脚趾末节背面以外，到处都布满了毛囊，这些毛囊都能长出汗毛来。在胎儿时期，我们只有头发和胎毛，出生不久，胎毛就逐渐脱落。胎儿期的头发稀疏、细软、色淡，出生几个月后会变得越来越黑、越来越密。

到了青春发育期，一些埋在皮肤里的毛囊在激素的作用下快速生长，作为第二性征的标志出现在少男少女身上，男孩还会长出胡须，甚至胸部等部位还会长出很密的汗毛。而女孩往往会感到恐慌，尤其到了夏天，长出的汗毛让女孩不敢穿裙子，十分苦恼。

你知道汗毛的疏密浓淡与什么有关吗？刺激毛囊发育的是激素，主要是雄性激素，所以我们看到男孩的汗毛比女孩的更多。在女孩体内，雄性激素主要由肾上腺皮质分泌，少量由卵巢分泌。女孩在青春期体毛增多，就是肾上腺皮质和卵巢分泌的雄性激素所产生的作用，只不过女孩体内的雄性激素大大少于男孩。

汗毛有很多作用，如保护皮肤、根据气温来调节体温、减轻摩擦、阻挡灰尘等，汗毛并不是可怕的东西。许多女孩为了美，对身上的汗毛感到反感。那为什么有些女孩汗毛会特别多呢？究其原因，主要有以下几点。

（1）正常范围内的差异。一般来说，毛发轻淡、皮肤白净细腻是女孩的特点之一，但并非完全如此。在正常的女性中，毛发的分布有很大的差别。据有关资料记载，国外曾有人做过一些统计：15～44岁的正常女性中，30%的人有小须，9%的人颊部汗毛明显，6%的人面部两鬓以下毛发较浓重，前臂与小腿毛发较黑较粗者分别为30%和70%。

（2）皮肤毛囊对雄性激素过于敏感。

（3）与遗传有关。父母的汗毛较多，女儿的汗毛也可能多。

（4）某些疾病可引起病态性多毛症。

（5）长期大量服用可的松、睾酮等激素类药物也能造成多毛症。

延伸阅读

小汗毛的大世界

1. 汗毛的生理结构

　　汗毛是人体不可或缺的一部分，一般埋在皮肤里面的部分称为毛根，露在皮肤外面的部分称为毛干。毛根下端在真皮层膨大成球形，有丰富的神经、血管，称为毛球，是汗毛生长的根基。另外，汗毛的生长包括生长期、退化期、休止期及新生期 4 个时期。

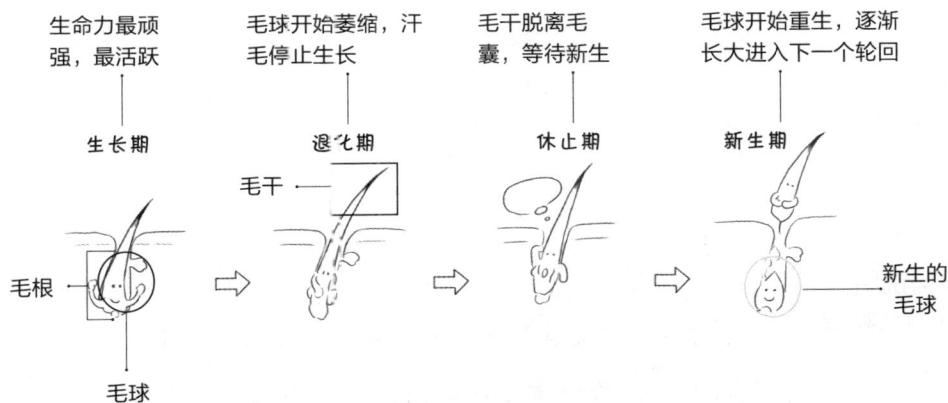

| 生命力最顽强，最活跃 | 毛球开始萎缩，汗毛停止生长 | 毛干脱离毛囊，等待新生 | 毛球开始重生，逐渐长大进入下一个轮回 |

生长期　　退化期　　休止期　　新生期

毛干

毛根　　　　　　　　　　　　　　　新生的毛球

毛球

汗毛的生长周期

2. 汗毛多，怎么办

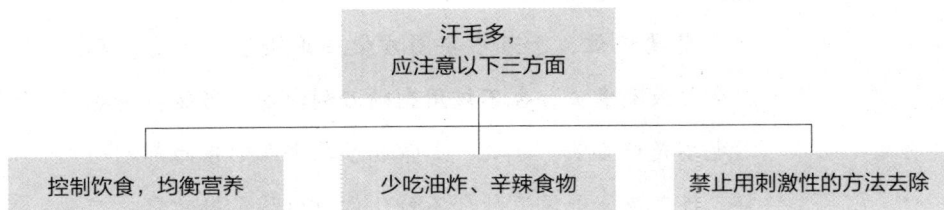

汗毛多，应注意以下三方面

控制饮食，均衡营养　　少吃油炸、辛辣食物　　禁止用刺激性的方法去除

3. 正确去除多余汗毛的小秘诀

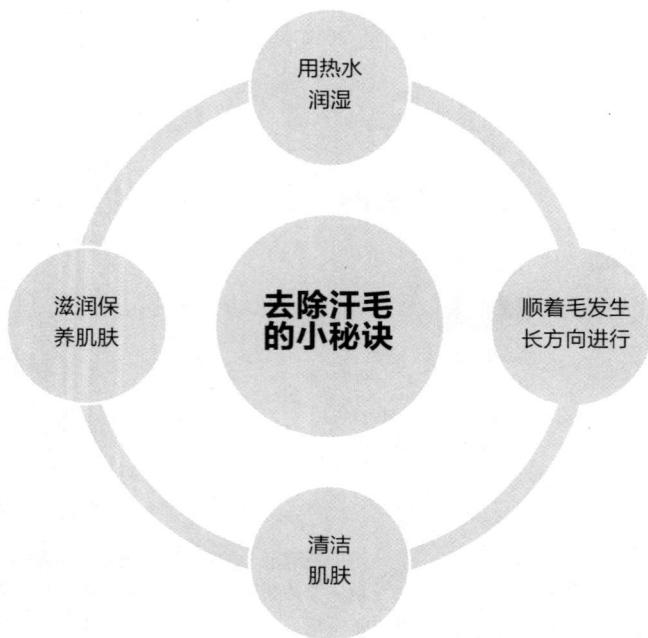

用热水
润湿

滋润保
养肌肤

**去除汗毛
的小秘诀**

顺着毛发生
长方向进行

清洁
肌肤

妈妈说给
@青春期女孩的话

　　长出汗毛是生理上的正常现象，有利于排汗。汗毛过多是因为激素分泌过多，只要不太影响正常生活，可以不去理会它，放宽心就好。如果你一定要去除汗毛，也不必急于一时，应该等青春期结束了根据身上汗毛的多少再做决定。

　　你要记住，千万不要图方便而用镊子拔汗毛，那样会导致毛囊炎，也不该用剃须刀刮汗毛，当然，剃毛器也不是好办法。总之，上帝赐予每个人的东西都不一样，汗毛浓密并没有什么不好，你应该尽量接受它。

青春期的我怎么一直不长个儿

青春期
小档案

人物	王欣然
性格	内向、腼腆、不服输
困扰	总是长不高，很苦恼
事件	体育课投篮时，被同学嘲笑为"矮冬瓜"

※ 个子矮，并不是天生的

欣然是个 15 岁的漂亮女孩，成绩也不错，却常常因为个子矮被同学嘲笑。为此，她没少哭鼻子，但眼泪并没有让她长高。从初一到初二，眼看着周围的同学都快速长高，她却一直是班上最矮的那个。

为了弥补身高的不足，欣然每天都拼命地学习。两年来，她得到的大大小小的奖状都快贴满一面墙了，但这并不能让她真正开心，她始终在意自己矮小的身材。

一次体育课投篮时，本身就个子矮的欣然因为肚子不舒服，投了十几次球都没进，引来了一个男同学的嘲笑："今儿总算是见识了什么叫'矮冬瓜'投篮了。"接着，很多同学都小声地笑起来。

欣然含着泪继续投，仍然没有投进，最后还是体育老师喊停，她才停下。体育老师让其他同学继续练习，单独把她叫到一边，安慰道："老师知道你很委屈，不要在意那些话。"

"我本来就长得矮，就算他们不说，也改变不了这个事实。"欣然坐在跑道旁边的台阶上，无力地说道。

"这一点儿都不像我认识的王欣然同学，你在老师心中，一直都是最坚强、最努力的，现在怎么变得这么消极？"体育老师面露和蔼的笑容，轻拍了下她的肩膀，接着说道，"你知道吗？老师像你这么大的时候，个子比你还矮，那时也常被别的同学嘲笑，刚开始我也很难过，但是后来我想明白了，只要好好锻炼身体、多吃有助于骨骼生长的食物，纵使长不高也没什么遗憾了。"

欣然瞄了一眼体育老师，不解地问道："可是老师您长得很高啊！"

体育老师笑道："这得归功于我的父母，从我15岁开始，爸爸每天早晚都会带着我跑步，而妈妈会为我准备补钙的食物，慢慢地我就长高了。"

"那我还能长高吗？"欣然好像看到了希望，一下子跳了起来。

"只要你不放弃，肯努力，我相信你一定会长高。"体育老师很肯定地回答道。欣然茅塞顿开，之前的自己看似坚强，却一直在逃避，根本没有为自己能长高付出过努力。欣然向体育老师道谢后，笑着往篮球架那里跑去，她决定不再自暴自弃。她相信，从现在开始努力，一切都为时不晚。

专家解读

进入青春期的女孩常常被两个问题困扰，一个是体重，一个是身高。假如身边的女同学都出落得亭亭玉立，只有自己个子很矮，难免会感到自卑。其实，每个人的体质不同，身体发育期也不尽相同，完全没有必要为身高担心。毕竟青春期并非身高的定型期，而是身高增长的黄金期。

之所以说青春期是身高增长的黄金期，是因为青春发育期是从童年过渡到成年阶段的，占每个人生长时期的一半或更多。很多处于青春期的女孩很困惑为什么同伴长得很高，自己却一直不长，那是因为青春期增高的开始年龄、发育速度、成熟年龄及发育的程度都存在个体差别。

从下页的图中我们可以看出，10～15岁是孩子身体发育的迅猛阶段，以后逐渐缓慢下来，男孩和女孩的身高增长期有所不同，女孩为10～12岁，男

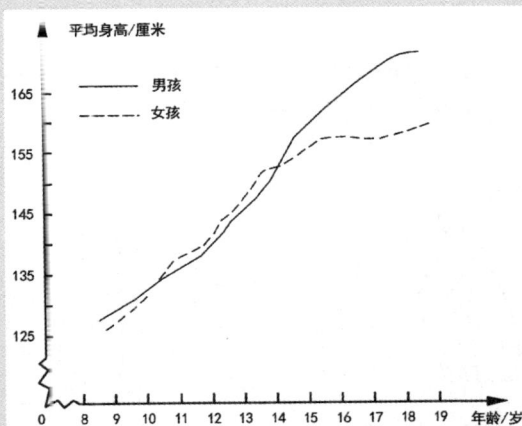

青春期发育身高变化规律

孩为 11 ～ 13 岁。从这个身高变化曲线图中还可以看出随着年龄的增长，男孩和女孩的曲线有 2 次交叉：第一次在 10 ～ 11 岁，交叉后女孩各项指标的均数随年龄的增长都超过同龄男孩，这说明女孩正式开始了青春期增高发育的突增时期；第二次交叉在 14 ～ 15 岁，交叉后男孩各项指标的发育水平又超过了同龄的女孩，说明男孩青春期发育的突增阶段也已开始，而女孩则进入缓慢增高阶段，此后男孩女孩的差距越来越大。

在整个青春期，女孩的身高平均增长 25 厘米，停止生长的平均年龄一般为 17 岁。所以，正值青春期的你对身高不要有过多的顾虑，那样反而会抑制激素分泌，不利于身高增长。

延伸阅读

不长个儿的是是非非

1. 父母都不高，孩子就一定长不高吗

孩子们都知道身高也会遗传，爸妈长得不高，就怀疑自己也不会长高。其实这个结论太片面，孩子的身高与父母有一定的关系，但并不完全取决于父母

父母都不高，孩子就一定长不高？
A 是　　　　B 不是 ✓

身高。父母都不高，不代表孩子就一定长不高。科学研究表明，遗传基因只决定身高的60%左右，还有40%左右是由后天的运动、营养和环境等因素决定。因此，虽然父母都不高，只要我们抓住后天因素加强锻炼，还是可以长高的。

2. 二十三蹿一蹿，有道理吗

二十三蹿一蹿，有道理吗？
A 没道理 ✓　　　　B 有道理

我们总听老人说："二十三蹿一蹿，不用担心，到了二十三还会长高的。"这句俗话是否有道理呢？

人的身高、骨的增长具体说与长骨端的骨骺板和骨骺关系最密切。骨骺板是发育中长骨骨干和骨骺之间的软骨，也叫生长板或软骨板。骨骺由软骨组成，其中心部分最先骨化，称骨化中心。在孩子的生长发育过程中，骨的生长在长骨两端骨骺的骨化中心和软骨板内不断进行，从而使骨的长度逐渐增长，身高也随着增长。

图一　　　图二　　　图三　　　图四

没闭合　　　半闭合　　　接近闭合　　　钙化闭合

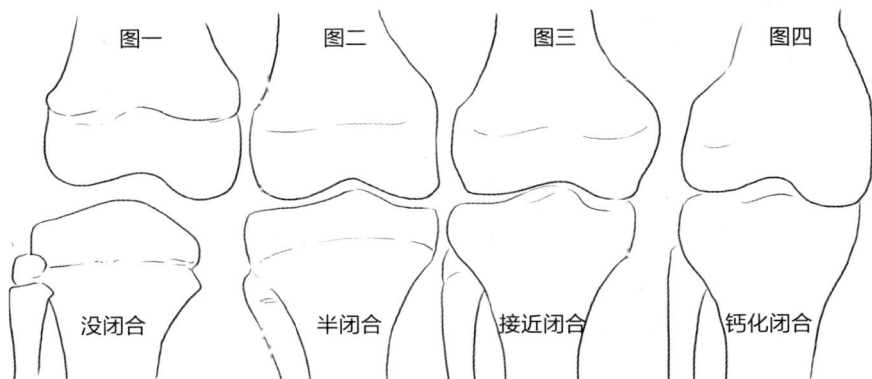

由上图可以看出，软骨板和骨骺逐渐开始融合，骨骼生长速度随之开始减慢。直至软骨板与骨骺完全融合在一起，长骨的生长就停了，身高便不再增长。若想长高，一定要在软骨板与骨骺没有完全融合之前，多补充营养物质。

3. 孩子的身高是由年龄来判断的吗

孩子的身高由年龄来判断的吗？

A 是　　　　B 不是 ✔

这种说法并不成立，孩子的身高与年龄无直接的对应关系，骨龄才是判断骨骼生长的重要标志。骨骼有自己的生理年龄，这个年龄比孩子的实际年龄或大或小。当骨龄小于实际年龄 2 岁以上时就需要注意孩子的发育是否存在迟缓的问题，此时家长要及时给孩子补充营养物质，多带孩子锻炼身体，这样有助于身高的增长。

4. 什么因素会影响孩子长高

什么因素会影响孩子长高
A 生长激素缺乏 ✓
B 性早熟 ✓

生长激素缺乏和性早熟都能影响孩子的身高增长。人长高就像建造房子，而生长激素就像砖，要想建好房子就需要一定数量的砖，若是砖的数量不够多，房子也就不会盖得高。

孩子在成长过程中，到了一定年龄性器官才会发育，提早发育就是性早熟。性早熟是刺激骺软骨闭合的重要因素，若孩子发育提早，那么就会加速骺软骨闭合，从而导致身高不再增长。

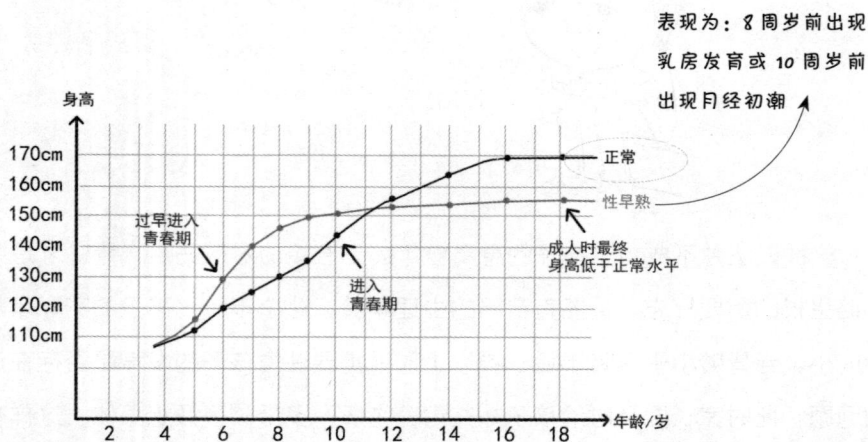

表现为：8周岁前出现乳房发育或10周岁前出现月经初潮

身高
170cm 正常
160cm
150cm 性早熟
140cm
130cm 过早进入青春期
120cm 进入青春期
110cm 成人时最终身高低于正常水平

2 4 6 8 10 12 14 16 18 年龄/岁

性早熟女孩与正常女孩身高增长对比图

5. 哪种身材不利于长高

哪种身材不利于长高
A 上身短下身长
B 上身长下身短 ✔

A　　　　　B

　　我们都知道腿长的孩子普遍长得高，有一部分孩子身材矮小就是由于腿短引起的。为什么有的孩子腿长，有的孩子腿短呢？因为，促使骨头生长的是甲状腺激素，若甲状腺激素分泌过少骨头就长不长，身高也就会受到影响。

　　甲状腺激素在身高增长中起关键作用，它与生长激素、性激素共同作用以促进骨骼的正常成熟。我们的身高增长就像盖楼一样，除了需要砖瓦以外，还需要很多材料，若是没有其他材料配合，大楼也不会建得很高。

　　身高增长首先是甲状腺激素和生长激素的共同作用，他们促使软骨细胞不断增殖，形成骨骼。骨头增长了，身体自然也就长高了。若这两种激素分泌得足够多，身高就长得快，等这两种激素将身高这座大楼盖得差不多了，也就到了青春期，这时性激素也来加班加点地建上几层，最后将房子建完。

6. 我的身高谁做主

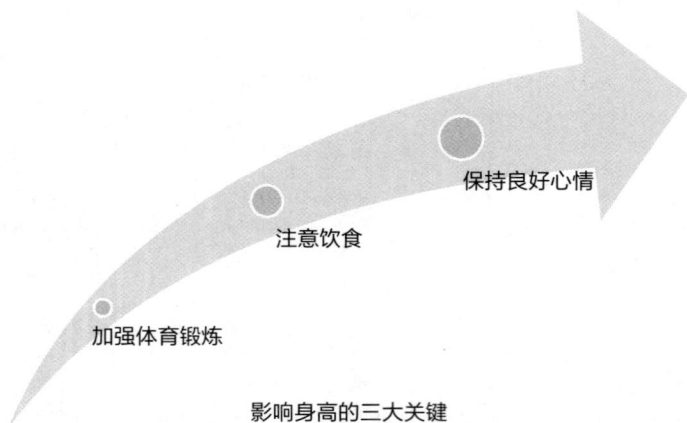

保持良好心情

注意饮食

加强体育锻炼

影响身高的三大关键

妈妈说给
@青春期女孩的话

　　女儿，妈妈不希望你每天为了身高而烦恼，我知道女孩都爱美，但是很多事情并不是一朝一夕就能改变的，如身高。你现在刚刚进入青春期，身高是会慢慢增长的，女孩的身高一般在 17 岁以后才会逐渐停止增长。身高并不是天生的，在青春期这个增长期，通过体育锻炼和合理饮食可以提高增长的速度。如果你想快一点儿长高，从今天开始，你要多多参加体育锻炼，晚饭前和妈妈一起去跑跑步，和爸爸打打篮球。此外，还要丢掉那些没有营养的零食，多吃含丰富维生素的蔬菜、水果，多吃鸡蛋、鱼、瘦肉，多喝牛奶。

内裤上为什么会有白白的东西

青春期
小档案

人物	灵犀
性格	文静、善良、随和
困扰	最近小内裤上一直有些"不明物质"
事件	小内裤一天一换，好心烦

※ 让女孩烦恼的"不明物质"

一天晚上，灵犀在洗澡的时候发现小内裤上有些白白的东西，这让她感到非常奇怪，以前从来没见有过啊。灵犀把小内裤扔进了盆子里，自言自语地抱怨着"好心烦啊"。

灵犀从浴室里出来，细心的妈妈看出女儿心情郁闷，主动问道："灵犀，怎么啦？告诉妈妈发生了什么事。"灵犀把刚才的事情告诉了妈妈，听了灵犀的描述，妈妈说："那些白白的东西叫白带，健康的女孩都会有白色的或者无色的白带，而且在经期前或两次月经中间，白带的量会增多，这是正常的现象。不过，如果白带是黄色的，就说明有病菌，那就需要咨询医生。"

灵犀忍不住问道："那是什么病菌？为什么会有黄色的白带？"妈妈说："这个必须经过医生检查才知道，若哪天你也出现这种情况，一定要记得告诉妈妈，知道吗？"灵犀用力地点点头。

后来有一天，灵犀感觉同桌温宜无精打采的，便问她怎么了。温宜吞吞吐吐地说："昨天晚上我洗澡时发现内裤上有白白的东西，还带有血丝，我觉得我可能生病了，但一直没敢告诉妈妈。"温宜支吾了半天，总算把自己担忧的问题说了出来。灵犀听后显得很轻松，她微笑着说："我之前发现我的内裤上也有，就一直洗小内裤，也很烦躁。但我妈妈说了，健康的女孩都会有白带，正常的白带是白色或无色、无异味、带有黏性的液体，如果白带是黄色的或者带有异味或血丝等，最好去医院检查一下。妈妈还说，女孩遇到这种情况后，千万不要害羞，要及时告诉家人，让家人陪同去医院检查，只有及时发现、及时治疗，才能保证我们的身体健康。"

温宜听了灵犀的话，悬着的心总算放下来了，也明白了以后有事一定要请教妈妈。

专家解读

女孩进入青春期后，身体会发生很多变化，会遇到很多以前没有发生过的事情，这是每个女孩成长过程中都必须经历的，我们不要心生厌烦或过分担忧，时刻保持良好的心态。

关于白带的问题，在这里详细地解释一下。一般来说，随着青春期女孩卵巢逐渐发育，在雌激素的作用下，子宫颈腺体、子宫内膜开始分泌出一种透明的蛋清状黏液，伴随着不断增生脱落的细胞一起排出，就形成了白带。因为白带有保持阴道黏膜湿润、抑制细菌的作用，所以它能更好地保证我们的身体健康。

青春期以后，卵巢逐渐发育成熟，会分泌雌激素和孕激素，白带的性状及量随卵巢周期变化而有所不同。一般来说，在两次月经中间，当雌激素分泌达到高峰期，白带的量会增多，呈透明蛋清状。在月经前后的几天也会出现白带，这时由于白带中含有较多的脱落细胞，会呈现混浊黏稠状。这段时间，要注意勤换洗内裤，保持内裤的洁净干燥。

白带还是判断身体是否健康的警报器，正常情况下，白带是乳白色或者无色的黏稠液体，没有异味。如果白带出现黄色、有臭味、带血丝等情况，往往说明身体某部位可能患有某些疾病，这时，要及时告知家人，尽快前往医院检查和治疗。

延伸阅读

1. 白带从哪里来

进入青春期，女孩对自己生理上的变化懵懵懂懂的，会产生"内裤上白色的东西是怎么来的"这样的疑惑，下面我们就来科普一下相关的小知识。

进入青春期后卵巢逐渐发育，由于雌激素的作用，子宫内膜、宫颈、阴道及皮脂腺、汗腺会分泌出一种透明的蛋清样黏液，这些分泌物与阴道上皮脱落细胞、白细胞及乳酸杆菌等混合就形成了白带。

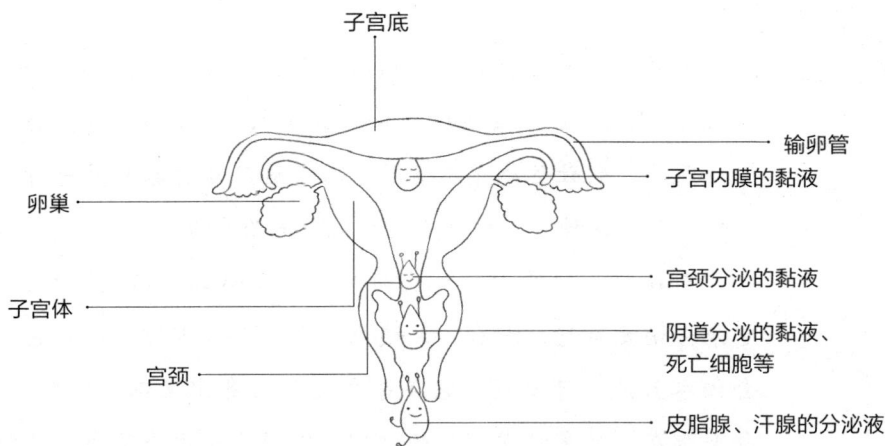

白带形成图

白带说到底就是阴道分泌的一种物质，具有清洁自净的作用，可防止各类杂菌进入阴道。它像眼泪保护眼睛一样时刻保护着我们的身体，女孩体内是酸性环境，白带有抑制杂菌侵入的作用。同时，它还含有死亡的细胞，也就是说它除了具有防卫功能以外，还具有清洁的功能。

2. 如何预防白带变黄

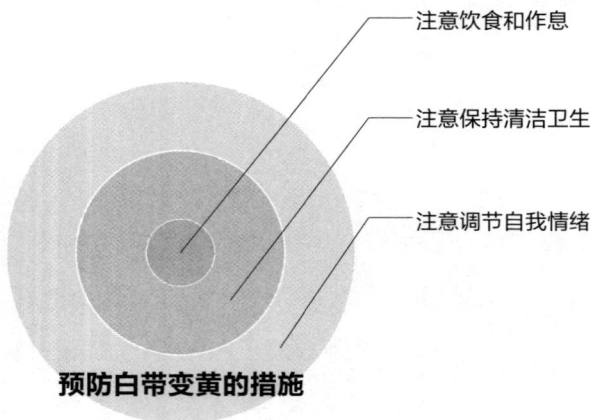

注意饮食和作息

注意保持清洁卫生

注意调节自我情绪

预防白带变黄的措施

妈妈说给
@ 青春期女孩的话

女儿，随着你长大，突然有一天，你发现内裤偶尔会湿漉漉的，甚至有黏黏的"不明物质"，刚开始你可能会心生厌恶，它让你感觉不舒服。其实这只是青春期的一种特殊信号，这种"不明物质"的出现是必然的。

对待它，你的心情可能与对待"大姨妈"不太一样，它来得悄无声息，没有"大姨妈"那么令你震惊，但是它会细水长流。可以说，它在每个女孩的身体里都会常驻，每天都在，时多时少，时稀时稠。慢慢地，你会明白它其实有很多好处。

虽然它让你觉得不那么舒服，但它对健康有很大的作用。它可以使你的"私密花园"保持一定的湿润度，可以有效地防止病菌的侵入。同时，它还含有一种阴道杆菌，能产生乳酸，保持阴道内的酸性环境，使细菌不易生长，能起到预防某些妇科疾病的作用，此外，它还具有清洁自净的作用。

　　白带不期而至，需要我们更加注意个人卫生。比如，你要用温水经常冲洗外阴，解决白带给自己带来的小麻烦。但不要随意使用各种药物清洗阴道，因为白带对阴道有一种天然的自洁作用。另外，不要穿紧身的尼龙内裤，应选择棉质内裤，如果不是生理期，则不要用卫生护垫。虽然白带会让内裤看起来不干净，但想想它的好处，慢慢地，你一定能接纳它。

别跟青春痘过不去

青春期
小档案

人物	玉晴
性格	活泼开朗
困扰	青春痘，真的会传染吗？
结论	青春痘只是青春期的标志，其实是不会传染的

✸ 痘痘的烦恼，你有吗？

玉晴最近很郁闷，原本活泼开朗的她不喜欢和同学出去玩了，好像变了个人似的。原来，玉晴到了青春期，原本以为自己在花一样的年纪会更加好看，却没想到脸上冒出了一颗颗青春痘，这让玉晴很烦恼，整天想方设法祛痘。

这天，玉晴突然冒出个想法。自己脸上的痘痘会不会是同桌晓琳传染的？因为刚和晓琳成为同桌时，自己脸上光洁平滑，而晓琳的额头上、脸上却长满了红包。晓琳每次上课时，都会不自觉地摸脸，然后就开始抠，是不是她抠完痘痘的手摸了玉晴，所以她也开始长痘了？

玉晴也开始不自觉地摸脸，当她摸到那一颗颗硕大的痘痘时，心里很烦躁，然后也开始抠，当时只是觉得有些疼。几天后，抠过的地方疤痕越来越明显。有时候用手挤痘痘，能挤出乳白色的还带点儿血的东西，再挤就是乌黑的血了。

一天，她无意中听同学说，吃避孕药能祛除脸上的青春痘。于是她偷偷地买来一盒，当天就吃了一粒，发现没什么不良反应。此后，她每天都按时吃一粒，一个多星期后，玉晴发现脸上的痘痘果然少了很多，这让她大为惊奇，并且更加坚信避孕药的祛痘作用。

又过了几天，玉晴照镜子时，发现脸上的皮肤明显变得光滑、细致，青春痘差不多没有了。玉晴的妈妈看着正在臭美的女儿，玉晴一高兴便把误会同桌传染青春痘和吃避孕药祛痘的事情告诉了妈妈。

妈妈语重心长地对玉晴说："青春痘不传染，无论男孩女孩，到了青春期都会长青春痘，它只是代表你进入了青春期。偷吃避孕药对你的身体有很大的危害，你正值身体发育期，服用过多避孕药会导致性早熟甚至终身不孕，以后千万不许乱来了。"

听了妈妈的话，玉晴对脸上的痘痘再也不敢乱来了。

专家解读

青春痘是青春期的一种标志，之所以叫青春痘，是因为它会在十几岁的时候出现。青春痘的产生与体内雌激素不平衡有关，但并不会传染。

当我们看到身上冒出个红点儿时，第一反应是蚊子叮的，第二反应是最近上火了，火气散不出来，形成了脓包。青春痘也一样，在青春期，皮脂腺分泌皮脂过多，加上毛囊口角化过度，形成角质栓堵塞毛囊口，阻止皮脂排出，使大量皮脂堆积在皮脂腺导管和毛囊口内，又由于痤疮杆菌和毛囊虫大量繁殖，使皮脂分解成游离脂肪酸、甘油三酯等物质，其中脂肪酸可刺激皮肤，引发皮肤炎症。

从青春痘的形成原因可以看出，它并不传染，也并不是不治之症，很多情况下，不用治疗就会自己痊愈。玉晴为了祛除脸上的痘痘而偷吃避孕药是非常不明智的，避孕药对于青春痘是有一定的疗效，但这种做法无疑是饮鸩止渴，治标不治本，而且对身体的危害很大。

　　避孕药通常是用雌激素和孕激素配制合成的，青春期的女孩处于激素分泌的敏感期，若在此时服用含有激素较多的药物，会破坏体内的激素平衡，造成体内雌激素水平增高、内分泌失调，并且会影响身体和生殖健康。此外，短时间大剂量服用避孕药，女孩的脸上还有可能长出暗疮，一些暗疮的根部毛囊容易发生堵塞，时间一长极易化脓、病变。

　　避孕药之所以能祛除青春痘，是因为避孕药中所含的微量雌激素和孕激素可以部分"消化"青春期分泌过多的雄激素。不过，这种治疗作用只是暂时的，只要停止服用，青春痘就会"春风吹又生"。

延伸阅读

1. 痘痘类型大比拼

痘痘类型

种类	颜色	是否有突起	触感	内容物	痘印/痘坑
白头粉刺	皮肤颜色	小凸起	质地坚硬	脂栓（乳白色或黄色小米粒）	不留印，不留坑
炎性丘疹	鲜红色	小凸起	有轻微疼痛与压痛感	脂栓（乳白色或黄色小米粒）	不留印，不留坑
浅部脓包	红肿，冒白尖	顶部有尖尖的脓包	无痛无浸润	脂栓（乳白色或黄色小米粒）、液体（皮脂、角质、细菌）	可能留印，不留坑
深部脓包	红肿，顶部圆润	无明显脓头的脓包	疼痛且浸润		留印，还可能留坑
结节	浅红色或暗红色	明显隆起，呈半球形或圆锥形	较硬并有热痛感		留印，还留痘坑或增生型痘疤
囊肿	有红色、鲜红色及暗红色	块状凸起，多呈不规则状	较软，有疼痛		—

2. 用手挤痘痘的危害

女孩都爱美，发现脸上长了痘痘，总是喜欢挤，希望将痘痘挤没了。殊不知，乱挤会引起面部肌肤感染，导致皮肤留疤、留印。

容易产生疤痕，让细菌乘虚而入

皮肤易感染，痘痘更难治愈

挤痘痘的危害

3. 青春痘的防治注意事项

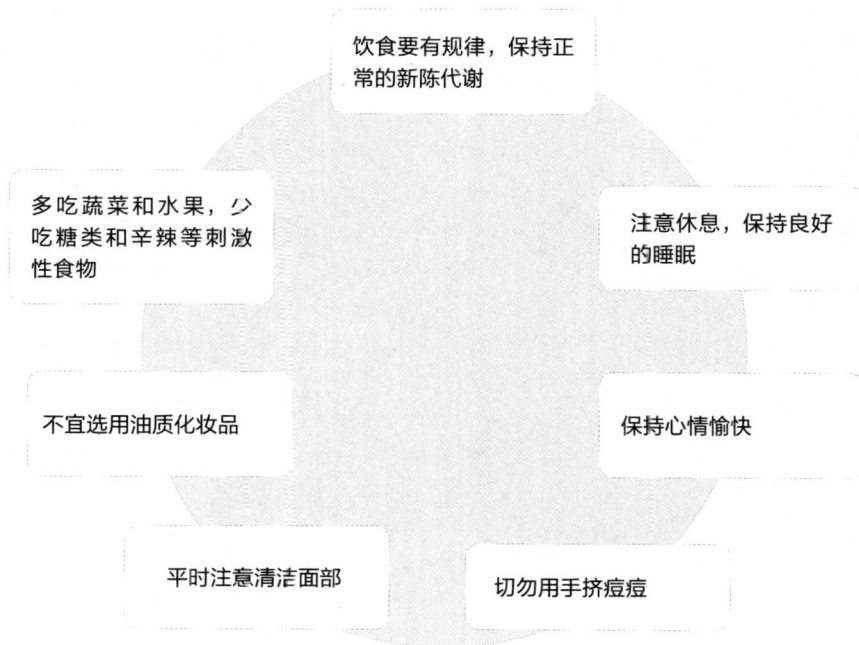

饮食要有规律，保持正常的新陈代谢

多吃蔬菜和水果，少吃糖类和辛辣等刺激性食物

注意休息，保持良好的睡眠

不宜选用油质化妆品

保持心情愉快

平时注意清洁面部

切勿用手挤痘痘

妈妈说给
@ 青春期女孩的话

女儿，妈妈知道，每个女孩都渴望拥有细腻光滑的皮肤，尤其是面部皮肤，但是我们不能为了外表的美而去做一些傻事。例如，服用避孕药，这种做法治标不治本，还会对自己的身体造成极大的危害，得不偿失。

青春痘只是青春的象征，当你慢慢长大，你会发现青春痘会自己悄悄地离开。妈妈不希望你因为脸上有痘痘就害怕同学的冷淡、嘲笑，从而变得自卑、退缩，外表美只是美的一个方面，真正的美是体现在内心，只要你乐于助人，懂得关心和爱护他人，真诚地与他人交往，你就能获得别人的认可和欢迎。

如果想要青春痘尽快痊愈，首先你要保持良好的心态，生活作息有规律，然后放松心情，多亲近大自然。

第二章
初恋这件事

　　青春、初恋，好像每个人的青春都逃不过一场爱情。或深刻，或懵懂，或迷茫，在这里，有爱、有情、有喜、有悲，却往往没有永恒。青春期的初恋是青涩的，说来就来、说走就走，那一丝丝不安的悸动，让人既兴奋又紧张。

　　你是否为了一个人而彻夜难眠，是否为暗恋某人而纠结，是否忘不了网恋中的他，是否幻想过自己的爱情……

　　总有那么一瞬间你会想起某个明媚而忧伤的片段，想起时总会有一点点心痛，或许这就是初恋的感觉。

学习好，就可以早恋吗

人物	思雨
性格	活泼开朗
困扰	我恋爱了，却遭到爸妈和老师的极力反对
事件	被老师告诫：不管你是谁，恋爱对学习都会有一定的影响

※ 青春小事件

思雨最近很苦恼，因为她恋爱了。她与自己喜欢的那个男孩两人学习成绩都很好，思雨坚信自己可以做到恋爱和学习两不误，可爸妈和老师却极力反对，他们对她的态度一百八十度大转变。他们不理解她、不安慰她，把她当作批斗对象，时时刻刻都在盯着她。

她和那个男孩从上小学起就是好朋友，然后又考到了同一所初中，由于平时交往比较多，两人自然而然地就走到了一起。男孩的理科成绩特别好，而思雨偏重文科，这让两个人觉得在学习方面可以互补，从而彼此的心靠得更近了。思雨说，前段时间男孩代表学校去市里参加物理竞赛，虽然只有几天时间没见，她却觉得特别漫长，也真正体会到了什么是"一日不见，如隔三秋"。

　　他们两人都是老师重点培养的好学生，老师不想他们因为恋爱而耽误学业，单独谈话、通知家长等方法都用了，两人依旧我行我素。

　　这天思雨的妈妈在她的日记本上看到这样一段话："青春是如此美好，每个人都有梦想。我们约好一起考最好的高中，然后再一起考北大，我们要永远在一起。我们自己以后的人生目标非常清晰，怎么会因为恋爱而毁了未来呢？我们在一起一定不会影响学习，为什么不能谈恋爱呢？爸妈和老师为什么要盯着我们不放呢？我们又不是生活不能自理的小孩，我们也有自己的想法，对未来也是有规划的，为什么就不能听一听我们的心声呢？我需要自由，我想要在蔚蓝的天空中自由自在地飞翔！"看完后，思雨的妈妈陷入了沉思。

专家解读

　　青春期的少男少女觉得只要自己有一颗为爱奋不顾身的心，而且确保不会影响学习成绩，就会得到父母和老师的理解。然而，这种想法并不是正确的。因为，爱情并不是想象得那么简单。

　　茨威格说"命运赠送的礼物，暗中都标着价格"，早恋的价格是什么呢？那就是时间和精力，你如果把时间和精力用在恋爱上，就无法全身心地去学习。另外，早恋的压力不是一般的大，你那稚嫩的双肩没有你想象中那么能扛压力。所以，不管你是谁，不管你学习有多好，早恋是一定会影响学习的。

　　早恋，对于中学生，就像是一件太过昂贵的奢侈品，给不起，也要不起。不管你情商多高，因为没有爱过，所以还不懂如何分配时间、如何控制自己，以及如何去正确地爱别人。

　　至于中学时期'轰轰烈烈，想要永远在一起'的誓言，也不过是一种美好的期盼。初中、高中再到大学，成长的每一个阶段都会有所改变，你无法确定将来会有什么样的波折在等着你，也无法预料将来的自己会不会像现在一样时刻对对方保持一片真心。或许，不久后你就会与现在的自己判若两人。

　　中学时期的感情并不是父母和老师不理解、不支持，因为很可能在未来的某一天，你们会为一件小事吵架，甚至分道扬镳。几年后，如果你再见到他，你会突然觉得，当初的自己有多么傻，他并没有那么帅，他根本不是你想象中的样子。你甚至会怀疑，当初为什么会喜欢上这样一个男生，为什么傻乎乎地为了和他在一起而与父母、老师决裂，当初的他到底哪一点吸引过自己或许你已记不起。

因为你在成长，在改变，你的眼光、你的喜好，也都会随着时间的流逝而改变。

所以，在这大好的青春时光中，多留一些时间给自己。我们可以用心去爱，但绝对不是现在。早恋很美好，可它的美好之处在于我喜欢你，无须别人知道，只要我知道，喜欢过，仅此而已。

延伸阅读

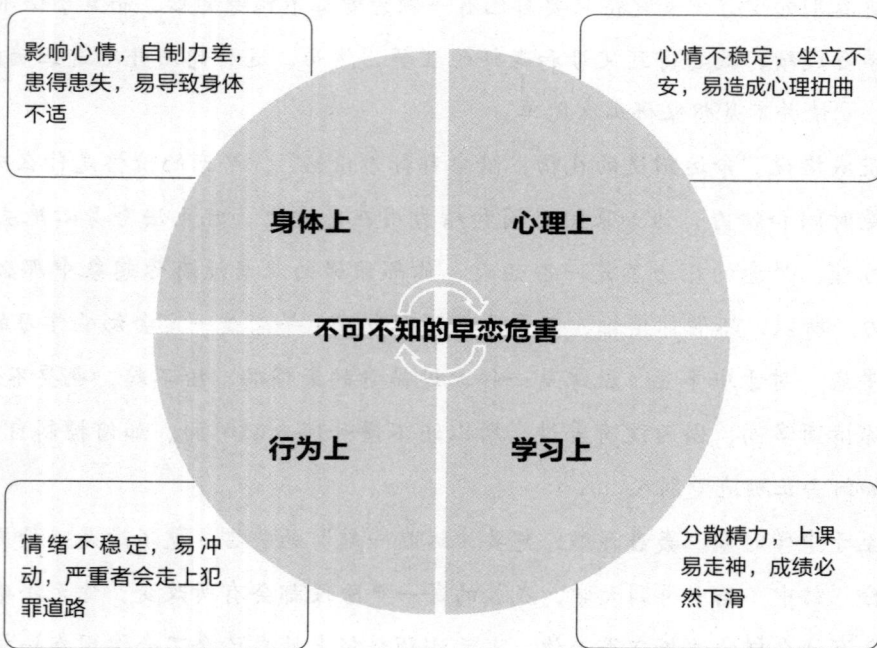

妈妈说给
@ 青春期女孩的话

进入青春期后，随着身体和心智的成长，男生女生互相仰慕、吸引，那是青春期很纯洁的情愫，妈妈不想把这种情窦初开的好感硬生生地加上早恋的标签。虽然你们学习都很好，这种好感或许会像强心剂，让你们两个人的成绩在短时间内提升一下，但昙花只有一现，因为情绪的不稳定、心智的不成熟，最终会影响你们的学业。

其实每个人在青春期的时候，都曾经有过情窦初开的喜悦感。这种情窦初开就像一粒种子，它的成长需要阳光、雨露、肥沃的土壤、精心的呵护，而这些，身为中学生的你是给不起的。也许等你长大后，回首往事，你会发现，那只不过是孩童时代玩的过家家游戏而已。

暗恋，让我纠结也让我受伤

青春期
小档案

人物	木槿
性格	内向、自卑
困扰	暗恋班上的体育委员，无时无刻不在想他
事件	我被他深深地吸引，无法自拔，没心思学习

※ 暗恋，一场漫长的失恋

不知道是丘比特射错了箭，还是月老牵错了线，竟然让木槿喜欢上了班里的体育委员——一个长相帅气、学习优异又很有文艺气息的男孩。暗恋一个人，木槿感到很惶恐，羞涩、矛盾中交织着莫名的欢喜。

木槿记得有一次上课时自己生病了，下课后，那个男孩不但给自己买了感冒药，还温柔地嘱咐自己回去多喝热水，多休息。虽然那个男生也经常这样关心其他同学，但木槿觉得他对自己的关心是与众不同的。

自从有了那次温暖的关怀，木槿就特别希望能再听到他的声音，看到他的笑容，有时还为此魂不守舍，上课老走神儿，总想看他在做什么，她甚至希望自己每天生病，以博得那个男孩的关心。但是对方却丝毫没有察觉，依然那么热心地关心同学。课间，木槿看到他和班上那些比较出色的女孩融洽地交往，就感到特别自卑，觉得自己与他的差距很大。他阳光帅气、学习好，而自己长相一般，学习一般，犹如一只没人关注的丑小鸭。

暗恋一个人很痛苦，可木槿又不敢和别人诉说。现在她根本没心思学习，只觉得这场暗恋从一开始就是一场漫长的失恋。

专家解读

青春期的女孩爱慕异性，这是一种非常正常的心理现象，而暗恋是这场爱慕里的常客。所谓暗恋，就是一方对另一方一厢情愿的喜欢。对于女孩来说，暗恋就像一场美丽的错误，是一种情感寄托的错觉。

女孩进入青春期后，因为性生理的成熟、性意识的觉醒及网络影视剧的刺激等，往往会出现暗恋的情况。有些是美好的回忆，有些是魂牵梦绕的痛苦，大多数的暗恋都会随着青春的脚步变成回忆。

青春期女孩的暗恋，或是被对方阳光帅气的外表所吸引，或是因为对方学习好有才气，或是因为对方身上有种"桀骜不驯"的气质，也可能是因为对方温柔体贴的性格，总之暗恋时自己的心中开满了花，而对方却没有闻到丝毫的花香，甚至根本不知道何处有花。

很多女孩像木槿一样，经历过"落花有意流水无情"的暗恋。暗恋毕竟不是两情相悦，它会让女孩觉得痛苦，不知所措，甚至会想方设法地去验证对方对自己到底有没有意思。或许有的女孩也明白，自己的一厢情愿在朋友眼里完全没有意义，但心里却想着只要能看到他就好。

女孩，千万不要做傻孩子，更不要轻易说永远。年轻的时候，你永远都想象不到永远到底有多远。那个你暗恋许久的人，或许有一天你连他的微笑都看着不爽；那个你喜欢得死去活来的小伙子，有一天你极有可能连他的名字都叫不上来。有人说过："喜欢的歌，静静地听；喜欢的人，远远地看"。

延伸阅读

暗恋一个人的表现

无意间在笔记本上写下他的名字，而且会写无数遍

当清醒过来时，生怕别人看到，开始乱涂

哦，我在写什么啊？！

画！画！

你说隔壁班的××吗？

听到别人议论他时，总是很在意，而且会莫名地紧张

喜欢通过道听途说来知道他的消息→

你对他的生活了如指掌

你暗恋的他

嗯……经常去二楼食堂吃饭

喜欢踢球，19号

喜欢第二节课下课后去打水

其实有点近视

女儿，暗恋是你成长过程中的正常现象，青春期的暗恋在你的成长中有着很重要的作用，它可以满足你对完美和圆满的渴望。但你这种狂热的喜欢令妈妈很担心，很害怕你的情感被人利用；害怕你上当受骗；害怕你看到暗恋对象的缺点而否定自己；害怕你因付出情感却得不到回报而受到伤害……

妈妈知道，当你暗恋一个人时，那种恐慌和欣喜是不会告诉妈妈的，因为你觉得那是属于自己的秘密，你害怕妈妈知道后，会批评你甚至打骂你。妈妈告诉你，不会的，因为妈妈是过来人，妈妈在青春期的时候也有过这种类似的心理，妈妈也曾经暗恋一个人，后来才知道原来对方并没有很出众的地方。

妈妈想让你知道，你还没有真正地了解对方，不知道他有什么缺点和不足，你在暗恋对方时，会在心中把对方的形象无限放大、无限美化，而把自己放在一个卑微的位置，这种差距感会让你感觉很痛苦。

妈妈告诉你，他没有什么特别之处，他也有不足和缺点。你今天的暗恋会给你留下受到伤害或幻想破灭的记忆，当你以后长大了，回想起青春期的自己时，你就会知道曾经的自己有多么的天真。无论他的哪些特点吸引你，妈妈建议你要理智一点儿，通过正确的判断来减少将来可能会承受的失望和伤害。

在青春期的美好年华中，暗恋一次可以让你的心灵悄悄地成长、丰富起来，这并不是什么坏事，但我们要学会在适当的时候主动移开自己不该关注的目光，把握住自己的思维方向，那才是了不起的女孩。

老师，我是不是爱上你了

青春期
小档案

人物	梓晨
性格	活泼
困扰	喜欢英语老师，控制不住地思念他
事件	每次都会在英语课上盯着老师那帅气的面庞出神

✳ 心中的那个他，还在吗？

池塘边的榕树上，知了在声声地叫着夏天。操场边的秋千上，只有蝴蝶停在上面。讲台上，英语老师在用粉笔刷刷地写着这节课要讲的重点句型，同学们都在奋笔疾书，抄写着黑板上的内容。

"梓晨，你在干吗，发什么呆啊？"同桌筱萱轻轻地碰了碰盯着黑板发呆的梓晨，提醒她赶快抄老师写下的重点句型。

梓晨收起眼眸中的留恋，拿起笔，却不由自主地写下了英语老师的名字。梓晨察觉到了自己的魂不守舍，慌忙向左右看了看，还好没有人注意。

这已经不是第一次了，这种情况已有两个多月。每次英语老师讲课时，梓晨就会被老师那高大帅气的外表所吸引，老师的举手投足间都让她迷恋不已。

这样是不对的吧，梓晨在心里问过自己很多次，但始终控制不住自己的思绪。

"梓晨，对于第一个句型，请你用这个形态说一个例句。"突然间，英语老师叫了她的名字。梓晨慌张地站起来，把题目读了一遍后，小声但流利地答了出来。

"非常好，梓晨的句子用词很新颖，大家都应该向她学习。不过，梓晨，以后答题的时候声音再大点儿。"英语老师先是和颜悦色地夸赞了梓晨一番，然后又对她做出了提醒。

梓晨坐下后，心情久久不能平静。回想起英语老师的赞扬，她心里高兴得如小鹿乱撞，但是想到老师的提醒，她又觉得自己表现得还是有点糟糕。

这样的日子又持续了很久，直到有一天筱萱说英语老师有了未婚妻，梓晨才下定决心改变自己的心态。

"你确定英语老师有未婚妻了吗？"梓晨再次问筱萱。

"当然了，英语老师的未婚妻以前就住在我家隔壁。"筱萱的话让梓晨的所有幻想一下子破灭了。梓晨想，原来自己一直活在自己想象出来的虚幻世界里，我有我的世界，老师有老师的世界，我可以欣赏老师、仰慕老师，却无法与他产生交集，这或许就是成长的伤痛吧。

专家解读

美国心理学家赫洛克把青春期的性意识分为四个时期。第一个时期是远离异性的"性反感期"，这个时期的女孩会因身上发生的生理变化而对异性产生反感，甚至认为男生与女生之间一旦有了密切接触就会变得不纯洁。第二个时期是对年长异性产生好感的"师生恋期"，这个时期的女孩容易仰慕优秀成熟的年长异性。第三个时期是积极接近异性的"狂热期"，这个时期的女孩只把年龄相当的异性作为爱慕对象。第四个时期是青春后期的"浪漫恋爱期"，这个时期的女孩会钟情于某一个异性。在这四个阶段中，"师生恋"是最不常见但同时又是最容易让女孩误入歧途的。

处于青春期的女孩在与男老师相处时，难免会被对方的容貌、能力、才识、人格吸引，从而产生既像友情又像爱情的感情。我们所说的"师生恋"一般只是默默地单相思，不会发展成真正的追求和恋爱。但是如果不加以遏制，任由感情发展，很有可能产生畸形的恋爱意识，从而造成不必要的精神痛苦和心理伤害，那也就失去了师生情谊的那份美好。

延伸阅读

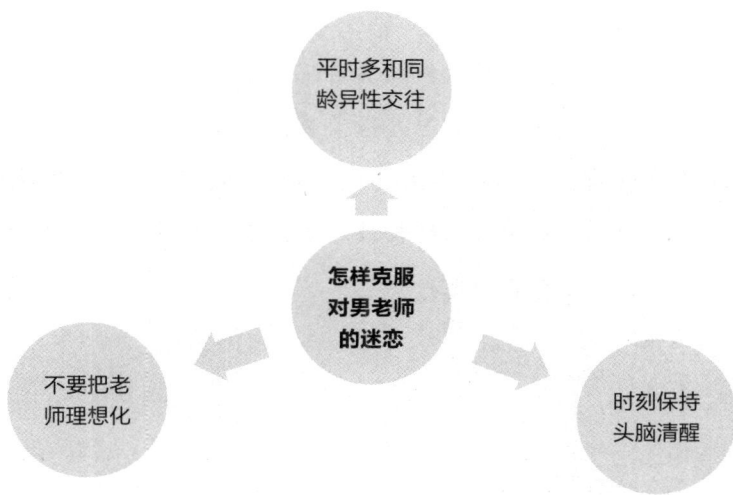

平时多和同龄异性交往

怎样克服对男老师的迷恋

不要把老师理想化

时刻保持头脑清醒

妈妈说给
@青春期女孩的话

女儿，上次爸爸去参加家长会，回来后开玩笑说，你们的班主任没有他帅，没想到你当场翻脸，还摔门不见我们。

那次，爸爸难过了很久。他对我说，他连你的老师都比不过。我笑他乱吃醋，话一出口，就觉得不对劲，我隐约感到，你可能是喜欢你的班主任。

你的班主任是物理老师，以前你是最讨厌物理的，但自从换了这个班主任，你每天心心念念的都是物理常识、物理实验，原本我还为你感到高兴，但现在，我却忍不住为你担心，担心你会因为仰慕老师而做傻事。

千百年来，在传统性别角色意识的影响下，很多青春期女生会对年长的男性不自觉地产生依赖，继而又产生爱恋。而对于女学生来讲，这种爱恋更容易倾注于男老师身上。但是，这种爱恋往往都是"单相思"，它像一颗藏在暗处的种子，很难开花结果。

女儿，妈妈希望你能认真地想一想，对你的班主任究竟是什么感情。如果你的内心深处很崇敬、仰慕甚至是暗恋，那么，你要庆幸你有这样值得仰慕爱戴的好老师，同时珍惜这份师生情谊。望你保持那份最初的崇敬之情，用一颗感恩的心去对待，让你的成长路上充满阳光。

网恋往往是一场"枉恋"

青春期
小档案

人物	艺星
性格	内向、腼腆
困扰	我知道网恋不真实，但我还是想尝试一下
事件	偷偷和网友见面，却因灵机一动的一声"妈妈"获救
教训	网恋只是一朵美丽却带有毒的花

✳ 网恋 or 枉恋

网络如此发达，谁没几个网友呢？13 岁的艺星也有很多网友，她每天做完作业，最开心的事莫过于和网友聊天。在众多网友中，与艺星最聊得来的是一个昵称叫"小鲜肉"的网友，他谈吐幽默风趣，让不善言谈的艺星都随之逐渐改变。

在学校里艺星的朋友不多，能说上心里话的更是少之又少。可艺星与这位网友每天都有说不完的话，与他聊天是艺星一天中最快乐的事情。如果在网上一天见不到他，艺星就会很难过。这天艺星如约和他聊天，他总是拐弯抹角地说要与艺星见面，艺星也想看看对方长得是不是真的很帅、很幽默。在对方再三邀约下，艺星答应了。见面时间定在周日下午 3 点，地点选在艺星家附近的商场门口，她打算到时候和网友一边逛商场，一边聊天，因为商场人多，即使对方心怀不轨也很难找到下手的机会。

充满期待的周日终于到来了，吃完午饭，艺星就开始梳妆打扮，第一次和网友见面，自然要多花点心思。

艺星按时来到商场门口，顺利地与网友碰头了。他是个身材高大的男生，染着金黄色的头发，看起来二十多岁。艺星对他的第一印象不太好，觉得他像个街头小混混。但是既然见面了，也不好意思马上说"再见"，于是他们一边逛商场，一边聊天。艺星发现他其实不善言谈，说话总是吞吞吐吐。没想到逛了一会儿他就随便起来，竟然主动去牵艺星的手，艺星生气地甩开他的手，愤怒地说："请你放尊重点，有你这么随便的吗！""小鲜肉"竟然嬉皮笑脸地说："去我家吧，到那里可以尽情地聊！"

听了这话，艺星感觉事情不妙，在她绞尽脑汁想怎么终止约会时，"小鲜肉"紧紧抓住她的手，拉着她就往商场外面走。任凭艺星怎么挣脱，对方就是不放手。紧急时刻，艺星突然抱住迎面走过来的陌生阿姨喊道："妈妈，你怎么来了？""小鲜肉"看到艺星的"妈妈"，赶紧扭头走了。

就这样，艺星逃脱了"小鲜肉"的魔爪，在向那位阿姨道谢后，一路奔跑回家。这件事让她明白，网络世界和现实生活真的不该混为一谈，这场荒诞的网恋终究是一场"枉恋"！

专家解读

关于网恋的话题可谓多如牛毛。对于网恋，每个人都有自己的看法，有的人避而远之，唯恐不小心被网友陷害；有的人觉得无所谓，认为如果遇到了自己喜欢的人，在网上来一场精神恋爱也是不错的；有的人认为网恋虽然美丽浪漫，却太虚无，美丽过后总会留下痛苦，想尝试又害怕。

网络有着巨大的魅力，它能让陌生的人相识，就算天各一方，也能因为神奇的网络而变得没有距离感。我们的生活因为有了网络而变得更加精彩生动，很多青少年都拒绝不了网络的诱惑。

青春期的女孩学习任务重、心理压力大，加之现在大多都是独生子女，平时老师、家长与她们沟通不多，所以，上网交朋友、聊天便成为她们缓解压力的一种方式。这种方式打破了现实生活中与异性交往所受到的限制，而且父母、师长也很难知晓，因此可以尽情宣泄自己的情感，这让她们感到特别自由。青春期是女孩情感萌发的时期，她们对异性有了主动接触的兴趣，加之网络为她们提供了便利的条件，她们可以毫无顾忌地表达对异性的好感。一些青少年的网恋让人瞠目结舌，有些女孩和异性网友进行过一次视频聊天后，便一见钟情，有的甚至在第一次"接触"后便勇敢地说"我爱你，我要嫁给你"，并迅速与对方在网上确立了恋爱关系。

遗憾的是，不少女孩把虚拟的网络空间当成了现实，陷于网恋中难以自拔。

延伸阅读

大多数网恋的走向趋势图

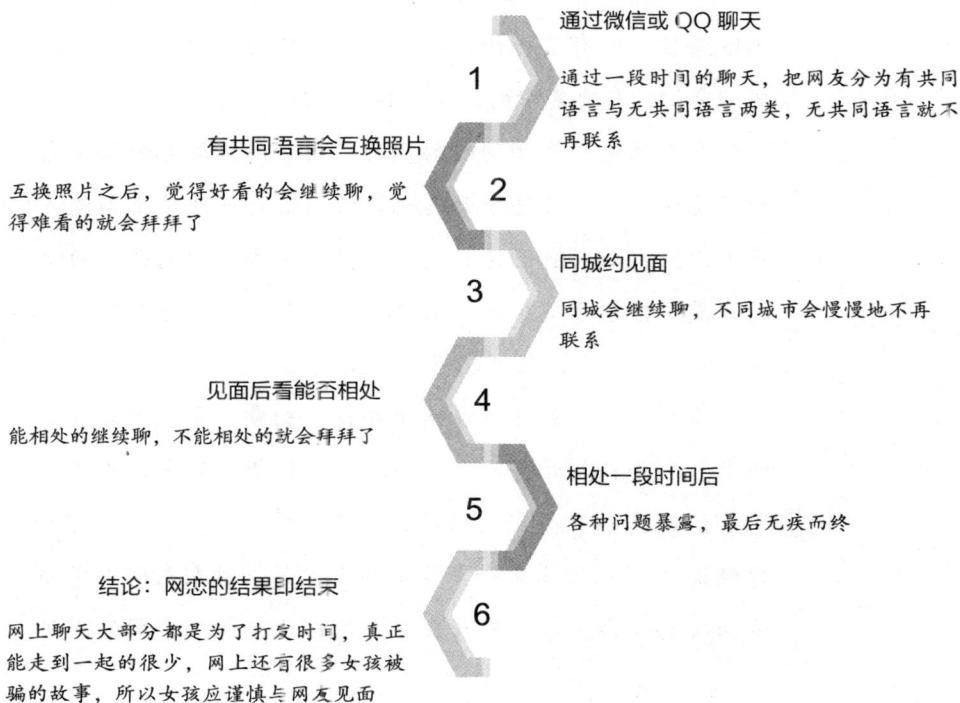

1 通过微信或 QQ 聊天
通过一段时间的聊天，把网友分为有共同语言与无共同语言两类，无共同语言就不再联系

有共同语言会互换照片 **2**
互换照片之后，觉得好看的会继续聊，觉得难看的就会拜拜了

3 同城约见面
同城会继续聊，不同城市会慢慢地不再联系

见面后看能否相处 **4**
能相处的继续聊，不能相处的就会拜拜了

5 相处一段时间后
各种问题暴露，最后无疾而终

结论：网恋的结果即结束 **6**
网上聊天大部分都是为了打发时间，真正能走到一起的很少，网上还有很多女孩被骗的故事，所以女孩应谨慎与网友见面

有的女孩为此荒废了学业，还有一些女孩甚至为了去见网友，不惜离家出走，给家庭和学校造成了不良的影响。因此，提高自我保护意识，防止掉入网恋陷阱，是青春期女孩应该重视的问题。

妈妈说给
@青春期女孩的话

不可否认，在现实生活中，很多人喜欢戴着假面具，很少有人在他人面前流露真情实感，我们难以坦诚地向别人倾诉，为此我们感到疲惫。而在虚拟的网络世界中，我们少了许多压力，可以抛开所有的伪装，大胆地说出心里话，这样的交流无形中拉近了人与人之间的心理距离。

在现实生活中，也许你很难将"我爱你"三个字说出口，但在网络中，你却可以不厌其烦地将其喊出来，还可以轻松地把吻和拥抱送给别人。此外，你甚至可以来一段网络婚姻，所有这一切，虽然都是虚拟的，却让人感到真实而亲切，与现实中的恋爱一样让人怦然心动。

网恋的魅力在于网络的虚幻，而这种虚幻也恰恰是它的危害所在。如果过分天真地认为网络是一片乐土而流连忘返，很容易对自己造成危害。妈妈想告诉你的是，网恋的浪漫是根植于虚拟的网络之上的，如果你沉迷其中，把网恋真的当回事，很可能得不偿失。

当然，也有许多人在网上相识、相爱，变成了现实中的恋人，并且相处得不错。但是，妈妈想说的是，并不是所有的网恋都有美好的结局，更多的是"见光死"。有人曾经说过："网络通常会产生三种人，第一种人在网上突出他的次要性格，第二种人在网上把自己变成他希望的那种人，第三种人在网上把自己变成不可能成为的那种人。"所以说，网络中的许多人戴着面具，你在网上喜欢的某个人，在现实中可能完全是另外一个人，或许这就是网恋成功率较低的原因所在吧。

网恋是否真实，不同的人有不同的答案。作为一种交流手段，网恋与现实中的谈情说爱并没有什么本质的差别。换句话说，"网"在两个人之间只是交流的工具，关键在于"恋"，如果你把网络聊天当作一种缓解压力、宣泄情绪的方式，那未尝不可，如果将网恋太当真了，甚至答应对方的见面要求，妈妈不得不提醒你要小心了。你现在还没有踏入社会，对社会缺乏了解，缺乏人生经验，因此要提高自我防卫的意识。尽管我们不能武断地对网恋"判处死刑"，但让你学会慎重对待、提高自我保护意识，还是很有必要的。

我想拥有小说里的完美爱情

人物	苏瑾
性格	安静、善良
困扰	为什么我遇不到小说中描写的完美爱情呢
事件	看着身边的朋友一个个陷入爱的潮水中，我也希望和帅气的男主角不期而遇

※ 期待完美爱情

苏瑾平时很爱看言情小说，她看到书上说：爱一个人，会愿意为他付出很多，会爱屋及乌，会因他而开心，因他而难过，自己的世界会因为心里的他而变得不一样，会因为喜欢的他去努力做很多事……

有一天，苏瑾的好朋友和在一起两年的男朋友吵架了，感情一直很稳定的他们因为一件小事而吵得不可开交。苏瑾很奇怪，小说中的男主角都有一颗宽容大度的心，为什么现实中的男生却为了一件小事而和女生大吵大闹呢？这让苏瑾百思不得其解，而且好朋友说她并没有书中所描绘的那种喜欢一个人的感觉。

苏瑾的小脑袋又开始胡思乱想："是小说写得太假，还是现实套路太深？书上说的那些感觉都是真的吗？有那么完美的爱情吗？为什么我身边朋友的爱情都不是顺利的？到底要不要相信爱情？"

"一个只会看言情小说的'书痴'并没有体验过爱情，何来体验小说中的完美爱情呢？小说中的男主角总是集学霸与帅气于一身，女主人公总是能够跟帅气的男生来几次不期而遇，为何我就没有那么幸运呢？"合上书的苏瑾默默地想着。

专家解读

青春期的女孩喜欢看一些言情小说，想必很多人看过《左耳》，无论是小说还是电影，其中有一个片段令人印象很深刻：吧啦和小耳朵在拉面馆第一次见面时，吧啦伸手在小耳朵的面碗里抓了一把香菜，小耳朵很惊讶地问她："桌上有很多，为什么抓我的？"吧啦是这样回答的："小姑娘，有一天你会明白，别人的东西总是好的。"

"别人的东西总是好的"，这句台词或许说到很多人心中去了。小说中的爱情总是那样精彩，你可曾想过，如果小说中的爱情和现实中的一样，它就不是小说了，就不会让那么多女孩向往了。小说之所以是小说，就是因为它可以说出很多人心里不敢说的话，可以替很多人去做他们在现实中不敢做的事。

言情小说看多了，会让女孩的爱情心理膨胀，导致内心空虚。有些女孩看言情小说看多了，就不再相信现实里的爱情了，因为现实中的爱情并没有小说中那么完美无瑕。

青春期的女孩情窦初开，无不幻想自己的白马王子，但在这里我一定要说：关于爱情，没有完美，没有满足，没有谁的爱情像小说中那样一辈子轰轰烈烈、甜言蜜语。只有坦然接受一颗真诚的心，才有可能守住那份属于自己的爱情。

延伸阅读

小说中的完美爱情源于现实	现实中的爱情大多数是平平淡淡的
完美爱情只存在于小说或电视剧中	**完美爱情 VS 现实爱情** 现实总是很残酷，没有哪种爱情一直美好如初
每个女孩都在追求小说中的完美爱情，都在等待	现实中的不完美造就了真实的爱情

妈妈说给
@青春期女孩的话

　　女儿，妈妈知道青春期的你或许会叛逆，会喜欢上这些言情小说。这种小说看多了会腐蚀你的内心，妈妈希望你能远离那些爱情小说，如果不能远离它，也尽量不要当真。

　　自从"套路"一词在网上火了之后，你会发现套路无处不在。女儿，很多时候，你看的言情小说剧情都相似，看了开头就能猜到结局，都是一个套路。言情小说只能作为课间娱乐的消遣。

　　你所期待的小说中的完美爱情，或许在现实中能实现，但毕竟只是少数。小说的情节源于生活又高于生活，男女主角都非常完美，这样才能让你有心思去了解他们的爱情故事。不得不说，小说或许给了我们一些情感寄托，可以在小说中看到现实中遇不到的故事，可以丰富我们的内心世界，但千万不可沉迷其中。

我不会和同桌日久生情吧

青春期
小档案

人物	俊妍
性格	活泼开朗、善良热心
困扰	同学们总是开我和同桌的玩笑，好像只有我一个人当真了
事件	一有时间就会偷看同桌，难道我真的对他日久生情了

✳ 难道我真的喜欢他？

俊妍和小航是同桌，他们从小一起长大，是非常要好的朋友。他们两家距离很近，经常见面。他俩幼儿园和小学都在一个班上，升入初中又被分到同一个班，甚至还做了同桌，这可把他们乐坏了。可是，他们也有烦恼。小时候在一起玩没什么，自从上了初中以后，总有一些调皮的同学有意无意地开玩笑，说他俩就像一对小情侣。每次听到这种话，俊妍都会气得上前和同学解释，倒是小航很淡定，总是劝俊妍："你别听他们瞎说，他们太爱闹了，逗你玩的。"

可是现在不止男生这样说，有时女生也会这样跟俊妍开玩笑。这下，俊妍的心情再也平静不了了。她不明白，为什么同桌关系好就是小情侣？他们说出这样的话，难道就不脸红吗？虽然自己心里只拿小航当哥哥看待，但听到他们都这样说，总感觉她和小航之间的关系变得怪怪的。

她有时也会突然想小航此刻在做什么，难道她和小航真的是同学们口中的情侣吗？这让俊妍很苦恼，同学们的玩笑让她感觉很不自在。那天，小航在看书，俊妍偷偷地打量小航，他确实长大了，已经不再是以前那个任由自己欺负的小"鼻涕虫"了！

小航发现俊妍在偷看自己，奇怪地问："你在干吗？我是不是很帅？"俊妍的脸唰的一下就红了，她心想："难道我真喜欢他？我和他难不成真的日久生情了？"

专家解读

青春期是一个人在成长过程中真正开始关注自己和异性的阶段，也是一个人是否能正确认识自己和异性的开始。青春期的教育更多的应该是心理成长教育，是正确认识自我及与异性关系的教育，而不是简单的生理健康教育，更不是简单的性教育。

这个时期的男生、女生希望彼此之间可以自然、大方地接触，而家庭教育或者学校教育都在尽力遏制男孩与女孩间的交往。至于胡乱传绯闻、跟着起哄、给女孩起外号等，有些是男生用来掩盖真相的招数，其实质是他们想向女孩表达好感但又怕被嘲笑。女孩往往会被一些绯闻所困扰，因为一句话、一个举动就能莫名其妙地成为绯闻的焦点，而同桌则是"事故高发地带"。

在青春期，女孩想要了解异性，同桌是最佳人选，他们之间往往会产生一种自然而美好的感觉，他们渴望交流，但这种交流却被大人严格控制。其实，当你对同桌过多地在意时，这不是日久生情，而是自然的心理反应。朋友之间相处久了还会多一份关心呢，更何况是经常坐在一起的同桌呢？

延伸阅读

奇怪，我为什么和他越来越像？

为什么两个熟悉的人会越来越像

习惯因素：两人在一起久了，会互相模仿，于是就会出现行为同步的情况

环境因素：两人相处，圈子小，自然会被对方特有的气质感染，于是两人会越来越像

妈妈说给
@青春期女孩的话

女儿，绯闻只不过是绯闻，很多时候同学们只是为了好玩说说而已，只要不去理会，过段时间就淡忘了。传言有时候可以当作是同学们在巨大的学习压力下的一种调侃放松，没必要当真。

或许你跟同桌之间是一种友情，但你往往又分不清是友情还是爱情。友谊在词典里的含义是朋友间的交情，它是有着相同兴趣爱好或者性格相似的人之间的一种关心、相互帮助的感情，是一种情感依赖，它不分男女，也没有范围和年龄的限制。

妈妈像你这么大的时候，也曾经偷偷地喜欢过同桌，而且认为那就是所谓的爱情，后来我才明白，那只是一种懵懂的喜欢，只是一种好感，这种感觉很不稳定，或许今天我喜欢同桌，明天又喜欢班长，后天又喜欢体育委员了，这只是青春期的一种情愫，是很正常的心理反应。

假如你对同桌并非只是好感，而是一种喜爱，那也是正常的心理。它不是洪水猛兽，它就像一串酸酸甜甜的葡萄，只有等它成熟之后，才能品尝到果实的甜美。

假若你真的喜欢同桌，那就把他看成一个和你一样的平常人，淡化他的性别，多从精神层面去欣赏他，这样你们交往起来才会多几分轻松、自然和坦荡。只有这样，对方才能更好地理解你、欣赏你。同桌之间日久生情很正常，喜欢一个人并不一定就要做恋人，把事情想得简单一点儿，让自己的视野宽阔一点儿、高远一点儿，相信你就能很好地处理与同桌的关系。

男生喜欢什么类型的女生

青春期
小档案

人物	芊芊
性格	善良、乐观
困扰	男生都喜欢什么类型的女生呢
事件	课间休息时女生之间总会小声讨论男生喜欢什么类型的女生

❋ 女生之间的小话题

芊芊走进教室时，无意中听到前排几个男生在小声地议论班上的萧萧，他们说穿了一件粉裙子的萧萧看起来很漂亮，很讨人喜欢。

"男生都喜欢穿粉裙子的女生吗？"芊芊心里嘀咕着走到自己的座位上。

刚坐好，坐她旁边的妮娜把脸凑到她耳朵边悄悄说道："听说，咱们班男生最近组织了一次票选。"

"选什么？"芊芊的好奇心瞬间被激发了。

"听说是选我们班最受男生欢迎的四位人气女生。"尽管声音压得很低，芊芊还是能听出妮娜声音里流露出的惊讶和向往。

"无聊。"芊芊撇撇嘴，一副不以为然的样子，眼睛却情不自禁地瞄向萧萧。萧萧是出了名的美女加才女，芊芊觉得这样的人应该很讨男生喜欢吧。

就在芊芊她们说悄悄话时，身后的青青正托着腮帮望着她俩，"这两个家伙，不知道又在说谁的坏话，为什么会有那么多男生喜欢和她俩交朋友？"想到这个，青青收回目光，开始安静地看书，想不通的事情她一般不会多想。

"喂，还没上课呢，休息一会儿。青青，好像有人在看你。"说话间，青青的邻桌小乐用手在青青眼前晃了晃。

"谁啊？"青青不禁问道。

"就是咱们班的第一帅哥，赵子轩。"小乐言语间满是兴奋，好像被关注的人是她似的。

青青满脸惊讶："怎么可能，他喜欢的是长得漂亮的女生，我又不漂亮。"

"谁知道男生到底喜欢什么样的女生呢？"小乐双手一摊，一副天知道的表情。

专家解读

青春期的女孩常常会问这样的问题：男生到底喜欢什么样的女生？一些不够开明的家长听到女儿发出这样的疑问后，很容易贴上"早恋""思想有问题"的标签。其实，女孩有这样的疑问是很正常的，不能武断地将其上升到"早恋"层面。

女孩由于受性萌动的刺激和电视剧的影响，喜欢和男生交朋友，也愿意向男生说说心事。而且，青春期的女孩喜欢把美好的想象寄托在某位异性身上，潜意识里会把外表看起来还不错的同学想象成某个电视剧里完美的男主角。正因如此，女孩们会忍不住想知道男生喜欢什么样的女生。

在没有正确指引的情况下，有些女孩会以为只要自己长得好、听话，就能获得男生的喜欢。为了获得男生的关注，有些女孩一下课就跑到卫生间，在镜子前整理自己的头发、衣着，直到上课铃响起才走进教室；有些女孩会没有原则地同意男生提出的不合理请求，如借钱给男生、帮男生写作业等；也有些女孩会盲目地减肥或不停地买衣服打扮自己。其实，这些做法都是不理智的，真正能获得别人喜欢的不是费尽心思地去取悦别人，而是自己自立自强，让自己从内到外都变得积极向上，因为保持积极向上的精神面貌的人更具吸引力。

延伸阅读

为什么喜欢讨论男生

A 我们生活的世界是两性世界，女孩喜欢谈论男生是正常的事情

B 谈论男生只是一种好奇心，并非爱恋，或许仅仅是一般的喜欢和仰慕，与早恋无关

妈妈说给
@青春期女孩的话

女儿，听说你想引起男生的注意，这个想法很正常，但也有些危险。之所以说危险，是因为我担心你会为了吸引别人的目光而没有原则地做一些不正确的事情，一旦这样做了，你失去的不只是自己的原则底线，还有自己的尊严和主见。

女儿，你知道吗？内心成熟懂事的男生不会太在意女生的外表，他们最欣赏的是做事认真、有主见的女生。如果你肯专注于学习，那么你在学习上的认真态度会很吸引人。

妈妈希望你在对待男女生关系的问题上，能够真诚、坦率、纯粹、理智，和男生相处要做到互相尊重、互相学习，不要沉迷于那些虚无缥缈的情感幻想之中。

第三章
接受正确的性教育

　　性教育对于父母和孩子来说，却是一个不好随意聊起的话题。进入青春期后，女孩的身体悄然发生变化，女性的特征越来越明显。父母在对女孩进行性教育时，或多或少都表现得很不自然，大部分羞于启齿。

　　然而，无论是家庭教育还是学校教育，都应该让女孩接受正确的性教育。只有让孩子正视它，才能真正地了解它，才能学会更好地保护自己。

为什么不能单独赴男生的约

青春期
小档案

人物	潞菡
性格	大大咧咧
困扰	我答应男同学的约会邀请，难道错了吗
事件	妈妈为什么不同意我和男生约会呢

※ 答应男生的邀请对吗？

一天傍晚，潞菡放学回家，不经意间说道："我们班的高鸣明天过生日，他邀请我和他一起吃饭。"妈妈听了不禁吃了一惊，忙问："就邀请了你一个人吗？你答应了吗？"

潞菡轻描淡写地说："对啊，答应了。他既然邀请我，我就答应呗，不就是一起吃顿饭吗！"

潞菡妈妈听了一时不知道说什么好，过了一会儿，她装作漫不经心的样子问："那个男生为什么不多邀请几个同学呢？那样岂不是更热闹？"

潞菡神神秘秘地说："高鸣总是给我写纸条，还总想叫我一起出去玩，这次他生日邀请我，如果我不去感觉不太好，所以我就答应了。"

后来，潞菡把这件事告诉了同桌詹晗，引起了詹晗的疑惑。回到家里，詹晗神秘地问妈妈："妈妈，我的同桌答应了男同学的约会请求，但是她的妈妈不太同意，我想知道，女孩子能不能和男孩子约会呢？"

专家解读

女孩和男孩之间的交往，是青春期心理发展的需要。同龄人之间有相似的兴趣爱好，有很多共同的话题，通过思想和情感的交流，青少年可以互相了解、建立友谊，学会与人相处，同时忘掉学习和生活中的一些烦恼，这是件非常快乐美好的事情。但是，青少年尚未成年，没有足够的分辨是非对错的能力，还不能准确把握人与人之间的交往尺度。

再加上处于青春期的孩子往往非常渴望与异性交往，希望与对方分享自己的感受，有时难免情感冲动，无法控制自己，做出"傻事"。所以，青春期的男孩、女孩，应该多参加集体活动，尽量避免和异性单独相处。

女孩如果收到男孩的约会邀请，不要惊慌、担心，一般来说，这只是青春期男生女生之间产生的朦胧好感，虽然我们不提倡早恋，但这种纯洁、美好的感觉也是值得尊重的。女孩不要把这件事到处宣扬，这样可能会无形中伤害他人的自尊心，从而影响同学关系。我们可以委婉地拒绝对方的邀请，给对方冷静和认真思考的时间。

延伸阅读

与男孩相处时，女孩应注意什么

1 **要保持心理上的距离**
保留自己的隐私，保持一定的距离

2 **不要夜不归宿**
单独相处比较尴尬，保持自己的意见，坚守底线

3 **不要太过亲近**
不要勾肩搭背，尽量减少彼此间的身体接触

妈妈说给
@青春期女孩的话

男生约你时，或许满足了你小小的虚荣心，毕竟这可以证明你的个人魅力，说明有人欣赏你。在青春期这个特殊的时期，无论男孩还是女孩，在情感上都会非常敏感。因此，面对别人的约会请求，如果你冷漠对待，会让对方误以为你看不起他，可能会伤害对方的自尊心；如果你故作姿态、扭扭捏捏，对方可能觉得你虚伪、不真诚；如果你表现得傲慢，爱理不理，则会伤害对方的感情，可能会因此失去一个好朋友……

对于此事，妈妈认为比较好的处理原则是对待同学要热情真挚、大方自然，你可以去约会，但妈妈建议你带一个女同学同去。在交往中要学会尊重别人，不要随意评论别人的缺点，不要嘲笑别人的相貌和穿着，不要看不起学习成绩不好的同学，不要随便给同学起绰号等。要知道，在与人交往中，只有你尊重别人，别人才会更加尊重你。

女儿，从小的时候妈妈就经常告诉你：女生一定要矜持，这样才不会让人觉得你浅薄；女生要懂得自尊自爱，要学会保护自己，这样才能更好地成长。面对别人的约会请求，妈妈尊重你的意见，如果你觉得有必要赴约，那就接受别人的约会请求，不过请把握好约会的时间，不要和对方单独长时间共处一室，更不要去陌生的地方赴约。请听妈妈一句：防人之心不可无，很多性侵犯、性骚扰都是由一些熟人造成的。

如果你不愿意，可大方地告诉对方，为了不伤害对方和你们之间的友谊，你可以找个理由委婉拒绝，比如，你可以说："我要和妈妈去逛街，没有时间，不能答应你的约会请求！"或说："妈妈要我在家打扫卫生，走不开！"这样既让对方容易接受，也容易让自己脱身，你说这样做是不是很好呢？

有性幻想并不说明你是坏孩子

人物	吴茜
性格	内向、腼腆
困扰	上课走神，脑海中总会冒出性幻想
事件	幻想与男班长发生了不该发生的事

❋ 梦境那么美，那么真

吴茜出生在一个书香家庭，从小受到良好的熏陶，被父母视为掌上明珠。进入初中后，吴茜已是一个亭亭玉立的大姑娘，父母经常教导她："女孩子要矜持，不要和男生走得太近，否则容易学坏。"吴茜把父母的话牢牢记在心里，着实是一个乖乖女。

清晨，吴茜从梦中醒来，朦胧中还记得梦中的情景：自己与男班长恋爱了，男班长张开双臂，紧紧地搂抱着她，那种感觉很甜美，那种幸福感就好像真真切切地发生在现实生活中一样。

吴茜睁开惺忪的双眼，想起刚才的美梦，又闭上眼，将梦境继续幻想下去：大学毕业后，男班长依旧帅气，考了个公务员，在一线城市的检察院工作。吴茜在人潮涌动的街头，与他相遇，简单的几句寒暄，就让两颗心紧紧地贴在了一起。接下来，他们约会了，他开车带她来到一个幽静的山林，鸟儿高鸣，风儿轻拂，他们手牵着手。接下来，他用他有力的臂膀圈住她的细腰，埋下头温柔地吻她……

就这样幻想了近一个小时，吴茜才不情愿地起床。起床之后，吴茜转念一想，平时都很少和男班长交流，怎么会梦到和他在一起？以后还是躲着他走为好。

来到学校，吴茜感到精神恍惚，遇到班长后她觉得浑身不自在。她的眼睛看着黑板，脑子里却又浮现出幻想的种种。"不行！不行！"吴茜不断地提醒自己，她责备自己变坏了，发誓要赶走幻觉。然而，她越是强迫自己不去想，那种场景越在自己的脑海里兴风作浪。吴茜特别担心，她害怕父母、老师和同学们看出自己灵魂的丑陋。

专家解读

青春期的女孩有性幻想是正常的，这不代表你就是坏孩子。性幻想是性成熟之际在特殊的性行为倾向的基础上出现的正常的生理现象。此时的你对性知识感兴趣，对异性生理结构好奇，对生育原因感到神秘，继而对异性产生好感、爱慕和向往。平时和异性接触时，出现紧张、兴奋的状况，并关注自己对异性的吸引力，很想在异性面前特别出色地表现自己。

青春期的女孩之所以产生性幻想，是自身性心理的萌发，也是对性知识一知半解、对性冲动缺乏自控能力的表现。很多青春期的女孩都有这样的疑问：在青春期对异性的渴望正常吗？为什么我总是幻想和异性亲近呢？其实这都是正常的心理。到了青春期，女孩对性高度敏感，看到有关的书籍、影片或图片时，会情不自禁地想入非非。有的女孩会认为自己思想肮脏、行为龌龊，甚至认为自己变坏了，为此感到很惭愧，其实这是没有必要的。

要知道，青春期性幻想是青少年在发育过程中遇到的正常生理和心理现象。人的性腺在出生后基本处于沉睡状态，在儿童时期是不会产生性兴奋的。到了青春期，性腺才开始发育并日趋成熟，在它的作用下，会产生性激素。在雄性激素和雌性激素的刺激下，产生性意识、性冲动、性幻想，这是青春期发育中再正常不过的现象了。

适当的性幻想是可以理解的，它是青春期心理需求的合理宣泄，没有什么副作用和负面效应。有这种性幻想，也不是什么见不得人的事，无须自责。不过，凡事要有度，倘若长期沉浸其中，或以幻想替代现实，就会影响正常的生活和学习，浪费宝贵的时间，甚至会做出错误的行为。

所以，平时我们可以多和异性交往，通过交往可以消除对异性的神秘感，淡化幻想中的情感体验。我们还可以多参加一些文娱活动、体育锻炼和集体游玩活动，充实自己的生活。

延伸阅读

对于性幻想，给你三点建议

- 不要太把性幻想当回事
- 平时多参加一些校园活动
- 不看对身心健康不利的刊物

妈妈说给
@青春期女孩的话

著名的性学家贺兰特·凯查杜里安曾说过，在所有幻想中，性幻想是最为普遍和常见的，很难想象什么样的人会没有这种心理。在性幻想的过程中，会伴有相应的情绪反应，如欣喜若狂或郁郁寡欢，由此获得一定程度的性满足。

对处于青春期的女孩来说，有性幻想是非常正常的生理和心理现象。性幻想是正常的心理现象，但并不等于说可以沉湎其中，因为青少年所要面对的事情还有很多，不应该把精力浪费在这方面，而应该专心学习，积极参加课外活动，锻炼自己各方面的能力。所以，女儿，妈妈给你提出三点建议。

第一，不要太把性幻想当回事，如果不由自主地有了性幻想，不必为此感到自责和害怕，你越是平淡地对待，性幻想越容易消失。

第二，平时多关注一些校园活动，把精力集中到学习和丰富多彩的活动中去。当你忙碌的时候，也就无心去幻想了。

第三，不看淫秽书刊、影视等，因为那些东西对你的身心健康是不利的。

女儿，妈妈最想对你说的是，每个人的大脑活动都有一个特点，就是同一时间只有一个兴奋中心，也就是说"一心难以二用"。如果你能满怀热情地去做那些有意义的事情，那么性幻想自然会不辞而别。

还不是"触"性的年纪

青春期
小档案

人物	梦旋
性格	孤傲、冷漠
苦恼	不知道该如何面对异性的关心
囧事	当面撕了男同学写给我的情书

※ 我就是不屑于男生的讨好

梦旋家境贫困，父母常年在外打工，她跟爷爷奶奶生活在一起。小学时因为成绩好，楚旋一直是班长兼学习委员。不过，因为她穿得最差，不谙世事的同学经常在老师不在的时候嘲笑她。

三年级的时候，副班长（一个男孩）骂梦旋是野孩子，梦旋一气之下，将一瓶墨水泼在男孩的身上。放学的时候，那个男孩带着几个同学把梦旋打了一顿，从那以后，梦旋发誓不再和男孩子来往。

五年级的时候，有一次一个男孩把她头上的发卡拿走了，对方还把她长长的头发攥在手里，梦旋疼得蹲在地上，发卡也被男孩扔到了门外。几个同学围成一团，拼命地笑，一个女孩还说："你们看，她裤子破了一个洞。"那一刻梦旋发誓一定要考上重点中学。

那年，梦旋以全校第二名的成绩进入了重点中学。开学的第一天，她穿着粉红色的裙子走进了教室，当时她抑制不住内心的喜悦，一直微笑着，她感觉全班同学都将目光齐刷刷地聚集在了自己身上。班主任见了她也不由得问她的名字，梦旋忐忑不安地站了起来，大声地说出了自己的名字，给全班同学留下了深刻的印象。

坐在梦旋前面的两个男同学知道了她的名字后，热情地与她搭讪，帮她买饭票、领书。虽然他们对梦旋很热情，但梦旋对他们一直都很疏远。不久后，有个男孩子给梦旋写情书，但是梦旋当着众人的面将情书撕掉，让那个男生心里倍受打击。

平日里，梦旋几乎不跟男生说话，当男生向她请教问题时，她能少说就少说，因为她觉得男孩子没安好心。虽然她的学习成绩很好，但是在班里的人缘极差，大家都不太喜欢她，尤其是男生都认为她太傲慢、太冷漠。

专家解读

青春期的男孩女孩对异性充满了好奇和依恋是正常的，这些孩子大部分时间都生活在同一个环境中，在学习上互相帮助，或是经常打闹，互相倾慕，日久生情，并主动大胆地表达自己的感情，逐渐地成为"情侣"。

大多数孩子是为了"恋爱"而"恋爱"，他们心里其实根本不知道什么是爱，就轻易地说爱。当然，这种爱来得快去得也快，有一点儿不开心，可能就会"分手"转而寻找其他目标。大多数孩子不会太钻牛角尖，但对于深陷其中的女孩，身心可能会受到很大的伤害。还有一种女孩将男孩视作仇人，彼此之间不说话，态度非常冷漠。尤其是到了青春期，有些女孩为了避免遭到闲言碎语的攻击，故意与男孩疏远。受封建观念的不良影响，她们对男女的交往特别敏感，认为男女之间只要交往就容易发生早恋。其实这种观念是错误的，青春期与异性交往，有很多好处，比如，在智力方面有利于取长补短，在情感方面有利于相互交流，在个性方面有利于互相丰富，在活动中有利于相互激励，因此与异性交往有利于增进心理健康。

接下来我们再来谈谈什么是爱。爱，意味着责任，青春期的男孩女孩自以为的爱，其实就是一种好感，甚至还不能说是喜欢。现在的你们对于喜欢的东西都会大胆追求，这是好事。然而不乏有一些女孩，只要看到帅气的男孩就说爱他，爱他什么？性格、人品，还是帅气的外表？这种莫名的好感根本不会长久，转眼间可能就又有了其他想法，所以不能轻易说爱。

　　每个人都会遇到懵懂的爱，可它不适合在青春期这个时期存在，我们需要等待。美国曾经有一个著名的实验：一个研究院的工作者给10个孩子每人一块糖，让他们在手里拿着，并告诉他们3个小时后才可以吃，发完糖他就走了。3个小时后他回来发现有9个孩子经不住诱惑吃掉了手里的糖，只有一个孩子还拿着那块糖。研究人员一直跟踪那10个孩子的成长，20年后，他们发现那个没吃糖的孩子是最成功的，他已经成为一个企业的核心人物。

　　由此可见，人只有经得起诱惑和等待才能成就一番事业，而为了眼前的一点小诱惑就不顾一切的人，注定很难做成大事。

　　梅花香自苦寒来，梅花只有经过漫长的严冬，经过风雪的洗礼，才能变得沁香无比，植物如此，爱情也是一样，这颗种子只有在合适的时间，才能开花结果，否则很有可能遭遇夭折。学会等待，等待会让一切美丽悄然而至。

延伸阅读

过早接触性，对身体十分有害，一般表现为：

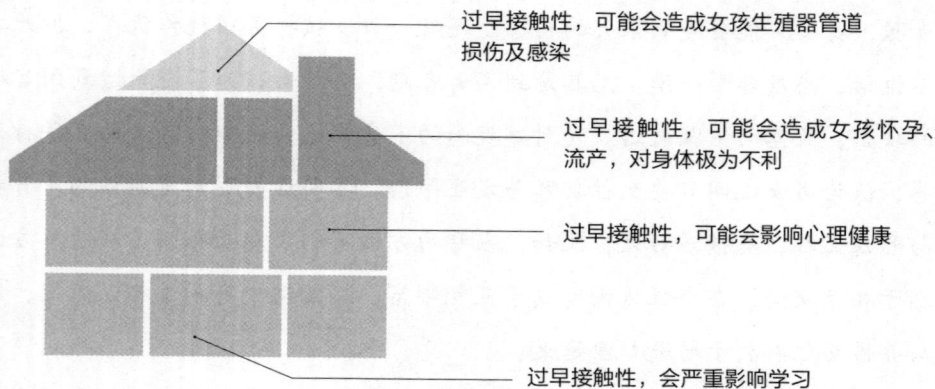

过早接触性，可能会造成女孩生殖器管道损伤及感染

过早接触性，可能会造成女孩怀孕、流产，对身体极为不利

过早接触性，可能会影响心理健康

过早接触性，会严重影响学习

妈妈说给
@青春期女孩的话

女儿，妈妈知道青春期是你人生的花季，同时也是充满困惑的时期，或许你面对突如其来的表白很诧异，这些都是正常的。这个时期，男生女生之间交往，有利于增进对异性的了解，扩大交往的范围，提高与他人交往的能力，还能取长补短，提高学习效率。妈妈支持你与男生来往，但并不是说支持你早恋，这是两个概念。

青春期的你或许在性激素的催促下，对某个男生心动，很想多看他几眼，或很想关心他，甚至会说你喜欢他、爱他，其实这些都是正常的心理特征。作为过来人，妈妈想告诉你，你这个年纪并不适合说"爱"，爱这个字太沉重，妈妈怕你负担不起。青春很短暂，此时正是你面对感情世界的开始。美好的事物，我们要学会珍惜、呵护，以免让自己受到伤害。

每个人在青春期都有过懵懂，对爱慕、欣赏、喜欢无从分辨。妈妈不想给你的心动加上早恋的标签，只想你能明白，现在的你，体验青春的美好年华才是最主要的。

怎样防止遭遇性骚扰

人物	木易
性格	内向腼腆、柔弱善良
苦恼	放学乘坐公交车时，遇到了色狼，若再遇到这种事，我该怎么办

❋ 公交车遇"色狼"，老爸有妙招

这天，木易回到家，很不开心，晚饭也只吃了一点儿。木易的爸爸老杨的第一反应是闺女谈恋爱了？怕女儿害羞不敢告诉自己，老杨让妻子先私下问问，可这一晚什么也没问出来。

第二天，木易该去上补习班了，可她出门前很犹豫："我不想坐原来那路公交车了……"爸爸妈妈很疑惑，连声追问才知道，女儿前一天晚上坐公交车被人偷偷摸了一下。老杨大怒，可刚一瞪眼就留意到女儿委屈得快哭出来了，他想道：补习班可以晚点儿去，得先把道理给女儿讲明白。他告诉女儿："遇到这种事，没什么可害怕的。做这种事的人其实特别心虚，他们才害怕呢，万一再遇到坏人，你可以眼睛直视他，用目光震住对方，然后远离他。咱们不惹事，可是遇事也不要怕，你要学会应对。"老杨这句话被木易牢牢地记在了心里。

接下来的一段时间，木易按照爸爸的教导，遇到男乘客贴得较近时，就刻意避开。而老杨则在暗中陪女儿一起乘车，以便随时施以援手。或许是爸爸传授的方法管用，木易此后再也没遇到过"色狼"，而那次性骚扰也没给她留下心理阴影。每当回忆起那一幕，她仍然很佩服地说："爸爸很厉害，遇上那种事心里特别别扭，爸爸让我觉得他什么都能解决，他能保护我，我什么也不用怕！"

专家解读

性骚扰已经不是新话题，可能很多女孩都曾遭遇过。一位女作家曾在自己的文章中写道："凡是有女性涉足的场所，几乎都存在着不同程度的性骚扰。"显然女孩受到性骚扰已经不再是什么新闻，为什么性骚扰事件如此猖獗呢？这或许与女孩面对性骚扰时的态度有关，有些女性觉得不好意思反抗，导致对方得寸进尺，而最终受害的还是女孩。因此，女孩必须学会防范性骚扰，提高自我保护意识。

性骚扰，顾名思义，即有性意味的骚扰，指以性欲为出发点以带性暗示的言语或动作侵犯被骚扰对象，引起对方不悦，通常是加害者肢体碰触受害者性别特征部位，妨碍受害者行为自由并引发受害者的抗拒反应。性骚扰表现形式尚无统一界定，一般认为有口头、行动、人为设立环境三种方式。有律师表示，违背受骚扰人的意愿，故意做出或者发出性行为或者挑逗，使对方的身体、心理产生不适、不快的都属于性骚扰。无论是口头还是行动，都会使对方感到难堪。

性骚扰的方式可谓形形色色，从行为或情节上看它比性犯罪的野蛮程度要低很多，但这无法改变它"不受人欢迎"的事实。性骚扰通常会给女孩造成极大的心理伤害，如让女孩有耻辱感，损害女孩的自我形象及自尊和自信。如果一个女孩屡次遭遇性骚扰，她就很容易怀疑自己的价值。性骚扰还会增加女孩对异性的厌恶和恐惧，使她生活在恐惧、怀疑和压抑之中。人有想象的天性，不愉快的想象可能使女孩患上"异性恐惧症"，以致严重影响她对整体异性的认识。

女孩必须学会自我保护,这样才能有真正的安全感。在一般的人际交往中,女孩与异性交谈要落落大方,尽量避免使用过分女性化的言辞和腔调。一旦遭遇性骚扰,要学会冷静处理,千万不要惊慌失措,也不要用伤害性的语言攻击对方,以免激怒对方。

延伸阅读

性骚扰
应对之策

脱离战术	求助战术	欺骗战术	说服战术
三十六计走为上策,逃走或摆脱是最常用、也最安全的方法	面对性骚扰时,高声呼喊是最简便的方法	在必要的时候,欺骗也是不错的战术,能有效地保护自己	一般只适用于比较熟悉的人

妈妈说给
@青春期女孩的话

女儿,今天妈妈要告诉你的是如何防范性骚扰和性侵害,除了"延伸阅读"中介绍的几个战术外,你还应该注意做好预防。在日常生活中,不要穿袒胸露背或超短裙之类的服饰,更不应穿着这样的服饰去人群拥挤或偏僻的地方。外出时,尤其是去陌生的环境,要注意那些不怀好意的尾随者。如果有人骚扰你,应当及时回避和报警,不要有丝毫的犹豫不决。做到以上几点,相信你一定能够保护好自己,不让坏人得逞。

"禁果"是不是充满诱惑

青春期
小档案

人物	潞菲
性格	开朗、正直
苦恼	中学生的我们真的禁不住爱情禁果的诱惑吗
事件	陪好朋友去做无痛人流

※ 我陪朋友去打胎

上个月，我陪好朋友去打胎，她才 16 岁，就去做无痛人流手术了。这让人听了都觉得很震惊，我也是鼓足了勇气才陪她一起去的。那天，我接到好朋友的电话，她说她已经两个月没来"大姨妈"了，可能怀孕了，然后请教了很多朋友怎么办。好朋友很着急，电话里都哭了，后来我就陪着她一起去了。

好朋友的男朋友也去了，这个时候若是男孩子不去，那就说明他根本不爱那个女孩。男孩出不出钱也是他爱不爱那个女孩的表现，但是他也只拿了300 多块钱。

无痛人流手术结束后，我朋友没让家里人知道，只是自己在家多睡觉，家里人也没有发现这件事。我朋友表面上好像也没有一点儿痛苦的样子，但是之后她性格变了很多。不过想想她小小年纪就做了无痛人流手术，我挺害怕的。现在有些同学都不把怀孕当可怕的事情，认为反正人流手术是无痛的，挨针或吃药忍着痛就 OK 了。班上哪个男同学的女友怀孕了，大家还帮忙推荐哪种无痛人流好或是哪家医院便宜。

但现在我这个好朋友挺后悔的，她说她之前也陪过她的同学去做人流，当时去的不是大医院，是一家很小的诊所，结果做完手术后她的同学体质变得非常差，人也越来越瘦了，天天肚子痛。我朋友以为她这次也是这样，所以很害怕，一直郁郁寡欢，虽然在大医院做的手术，身体没什么影响，但她发誓再也不这样了，要好好学习。

经过这件事，我明白，冲动是魔鬼，青春期的性冲动并不是我们小小的肩膀所能承受的，那种痛苦想必只有经历过的人才会明白。

专家解读

在青春期这个如此美好的时光里，憧憬爱情并没有错。但什么季节开什么花，青涩的果子摘不得。总有些男孩女孩把持不住自己，偷食禁果，给自己的人生造成无法挽回的伤痛和悔恨。

青春期的女孩处于生长发育的重要阶段，生理及心理发育尚未健全，她们对异性充满爱慕、好奇和向往，对家长教育方式抵触叛逆，从而导致早恋、离家出走或偷食"禁果"，但面对怀孕等问题时他们必然是手足无措，又不敢向家长或老师吐露实情，所以只能让好朋友陪同去医院做手术。

初二少女怀孕 5 个月竟无知觉，直到体检才被查出；15 岁女孩在医院的厕所中产下男婴；16 岁女生被家人送到医院引产、上环；中学生穿着校服去医院做人流……诸如此类的事件频出。

看了这么多刺眼的新闻，心是不是很痛？青春期的女孩们，你们应该把握住大好青春，去做该做的事。即使心中有爱，也要学会守住那份青春的纯真，让自己的青春无怨无悔。不要一失足成千古恨，让自己陷入危险之中。

青春期的"爱情"，就像树上青涩的果子。如果你因为好奇而采摘下来，当品尝的时候，会发现它是苦涩的，到时后悔也来不及了。因为它原本就不成熟，你摘下来，让它离开了生它的花朵、养它的雨露，让它失去了成熟的能量，它怎么还有机会真正成熟呢？

　　成熟的果子是甜的，这谁都知道，采摘果实的人都会选择成熟的。青春期的孩子都未成熟，所谓的"爱情"仅是对异性的好感，根本不会长久。女孩一定要保护好自己，不要轻易偷食那青涩的禁果。

延伸阅读

对异性充满好奇，由于早恋，感情冲垮了理智的防线，偷食了禁果 ── **偷食禁果型**

为爱付出型 ── 为了追求帅气男孩，在恋爱中卑微到尘埃里，不惜献出自己

少女失身原因

由于爱情小说和网络剧的冲击，导致女孩过于开放 ── **性观念开放型**

物质至上型 ── 为了物质攀比，不惜出卖自己的身体

妈妈说给 @青春期女孩的话

　　女儿，妈妈知道在你们这个年纪，有太多言情剧为你们过早地灌输了爱情的美好，导致现在的你们过早成熟。青春期的你们对异性有好感固然是正常的，但这并不是爱。

　　在我们大人眼中，早恋会过早侵蚀你们的纯真；但在你们眼中，早恋或许是鲜艳的玫瑰，能给年轻的你带来醉人的芬芳。花朵背后是一枚充满诱惑的果子，有人摘了它，结果尝到了青涩的滋味。但在你们这个年纪这枚果子不宜摘，需要等待，因为只有成熟的果子才会甜。

你对艾滋病，了解有多深

青春期
小档案

人物	雨蔓
性格	大大咧咧、急脾气
苦恼	拥抱艾滋病患者，真能被传染吗
囧事	出门逛街看到艾滋病患者，最终还是没敢上去给她一个拥抱，很遗憾

※ 你会拥抱艾滋病患者吗？

一个周末，雨蔓、小雅和小欣一起去逛街，她们在繁华的街道随意走着，突然发现前面围了很多人，不知道在做什么。雨蔓是个急性子，拉着小雅和小欣就往前冲，跑到前面，看到有个女孩举着一小块广告牌，上面写着："我是艾滋病患者，你愿意给我一个拥抱吗？"

周围的人只是看着，没人敢上去给她一个拥抱。雨蔓刚想上去拥抱，却被小雅拉住，还说道："你不知道艾滋病会传染吗？"小欣也在一边说："艾滋病是很难治愈的，堪比癌症，一旦被传染，几乎就没有希望了，雨蔓，你还是小心点为妙。"

雨蔓若有所思，转过头对小雅和小欣说："老师不是说过血液、性行为、母婴才是艾滋病的传播途径吗？我只是上去拥抱她一下，应该没什么吧！"小雅一本正经地说："我对艾滋病只知道一点点，其他的还真不知道，但若是你上去拥抱了她，她拿着针扎你一下呢？还是谨慎些好。"小欣在一旁不停地点头。

雨蔓被小雅和小欣搀着往商场方向走，她时不时地回头看看，发现没有人上去给女孩拥抱。雨蔓心想：只是一个简单的拥抱，为什么就不能给呢？不过她又想到小雅说的话，为了保护自己，还是收起泛滥的同情心吧。

雨蔓没能说服自己不去拥抱她，也没能说服自己去拥抱她，雨蔓心想，回家问妈妈吧，也许就知道了。带着些许困惑，雨蔓陪小雅和小欣她们玩了一下午。

专家解读

一提到艾滋病，人们就会联想到很多不好的词语，又因为大多感染艾滋病的都是从事色情行业的人，所以，一直有"谈艾色变"的说法。

艾滋病是由"人类免疫缺陷病毒"（英文缩写为 HIV）引起的，是由病毒侵入人体后通过破坏人体免疫功能，使人体发生多种不可治愈的感染和肿瘤，最后导致被感染者死亡的一和严重的传染病。艾滋病的潜伏期较长，症状难以辨别，几乎是在人们无感觉中迅速传播。

据统计，目前女性是艾滋病的高危人群，青少年尤其是处于青春期的少女，很容易感染艾滋病病毒。因为青春期少女的阴道黏膜极薄，经不住摩擦并极易被细菌感染，如果过早有性行为，或与 HIV 阳性的男性性交，不成熟的阴道黏膜和子宫颈就不能提供对抗 HIV 侵扰的屏障。另外，不健康的性行为也会破坏阴道中正常的微生物菌群，从而引发一些感染性疾病，如阴道炎、子宫内膜炎、输卵管炎、盆腔炎等，这些又为艾滋病病毒感染创造了条件。

网络的快速发展，不仅拉近了人与人之间的距离，也带来了很多弊端。各种约会软件层出不穷，耐不住寂寞的青春期男孩和女孩对于约会很不以为然，但他们并不知道保护自己，只要对方看上去干净，往往就毫无戒备地与其发生关系。

然而，最让人感到可怕的是有些人知道自己携带了艾滋病毒，觉得自己被传染是一件很委屈的事情，所以他们干脆放弃到医院治疗，把病毒继续散向其他人，以此来达到报复社会的目的。

我们知道艾滋病病毒主要存在于艾滋病病毒携带者和艾滋病病人的血液、精液、阴道分泌物和乳汁中，偶尔也可在唾液、眼泪、尿液和汗液等其他的体液中发现。

现已证实，艾滋病病毒传播途径有以下三种：

第一，性传播。75%的艾滋病病毒感染者是通过无保护的性行为而感染的。

第二，血液传播。5%的成年人感染者是通过静脉吸毒，3%的成年人感染者是通过输血或使用血制品。其他的像注射器、针头、手术器械、口腔科器械、接生器械消毒不彻底或不消毒也可造成医源性传播。日常的理发、美容用具、浴室的修脚刀不消毒或与他人共用剃须刀、牙刷等也能引起感染。

第三，母婴传播。受到艾滋病病毒感染的孕妇可通过胎盘或分娩时通过产道将艾滋病病毒传给婴儿。

延伸阅读

面对携带艾滋病病毒的感染者我们无须恐惧，以下途径并不会感染。

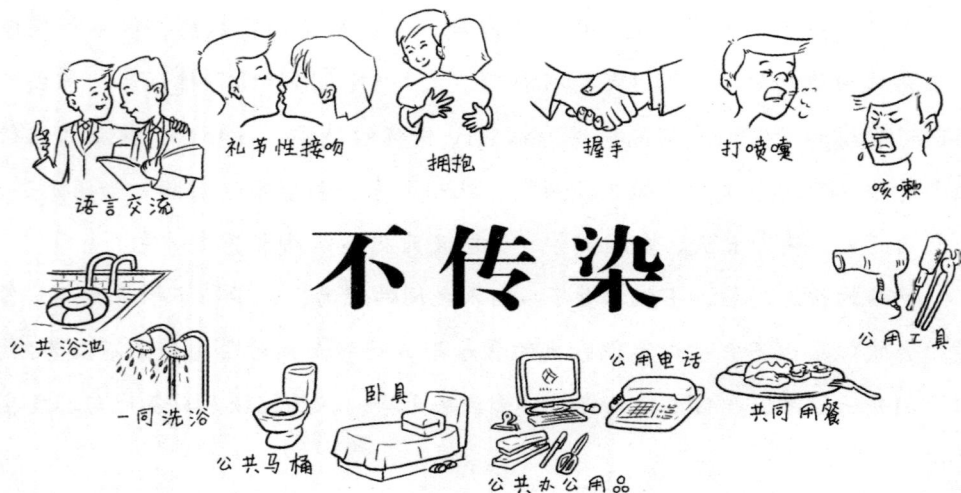

语言交流　礼节性接吻　拥抱　握手　打喷嚏　咳嗽

不传染

公共浴池　一同洗浴　公共马桶　卧具　公共办公用品　公用电话　共同用餐　公用工具

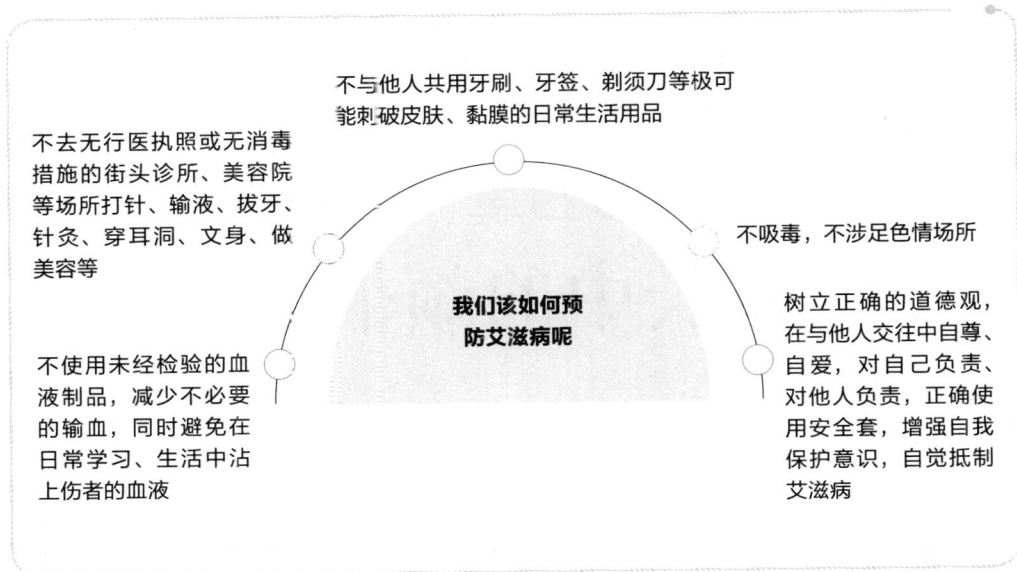

不与他人共用牙刷、牙签、剃须刀等极可能刺破皮肤、黏膜的日常生活用品

不去无行医执照或无消毒措施的街头诊所、美容院等场所打针、输液、拔牙、针灸、穿耳洞、文身、做美容等

不吸毒，不涉足色情场所

我们该如何预防艾滋病呢

树立正确的道德观，在与他人交往中自尊、自爱，对自己负责、对他人负责，正确使用安全套，增强自我保护意识，自觉抵制艾滋病

不使用未经检验的血液制品，减少不必要的输血，同时避免在日常学习、生活中沾上伤者的血液

妈妈说给
@青春期女孩的话

　　女儿，妈妈想要告诉你，艾滋病病毒虽然很可怕，但是它只要离开人体就会很快死亡，所以艾滋病不会通过日常生活中的社交接触来传播。有人说蚊子叮咬也会传播，这种说法是不科学的。因为艾滋病病毒在蚊子体内不能发育和繁殖，而且蚊子吸入血液后就不会再吐出，即使蚊子嘴上有残留的血液也是微乎其微的，所以蚊子叮咬不会传染。

　　艾滋病不是绝症，只是一种慢性病，从预防艾滋病传播的角度来讲，你要学会保护自己，但你也要有爱心，不要歧视那些艾滋病病毒的感染者，他们中的很多人都是在没有保护意识的情况下被感染的。还有很多孩子是因为父母而被传染，他们和我们一样，拥有享受享受生活的权利，我们应该学会关心和理解他们。

第四章
成长中的烦恼

有人说，青春期一半是明媚，一半是忧伤。明媚是人生最美好的时期，忧伤则是成长的代价。人长大了，烦恼也就多了，步入青春期的女孩不论身体上还是心理上都会产生巨大的变化，在这变化中，难免会产生各种烦恼。

心中的怒火、家庭的变故、内心的小秘密以及那颗躁动而又叛逆的心充斥着整个青春期。若把成长比作一张白纸，那么烦恼便是附在背后的一个瑕疵，甩不掉、逃不了。我们只能用一颗平静的心去面对，过滤掉烦恼，这样才能健康、快乐地成长。

为什么控制不住心中的怒火

青春期
小档案

人物	嘉依
性格	外向开朗、善良
苦恼	心中总有无名火，随时随地在燃烧
事件	没控制住无名火，烧伤了"友情"

❋ 该死的无名火伤了友情

"嘉依，放学后一起去游乐场，怎么……"下午课间休息时，坐在后排的玉洁用铅笔捅了捅坐在前排的嘉依，想跟她商量放学后的安排。

嘉依正在看漫画，突然感到后背有人用东西戳自己，还没等那人把话说完，她就大声驳斥道："拜托，不要用你的脏东西戳我衣服好不好，这样很讨厌。"

玉洁被嘉依突如其来的愤怒吓了一跳，她忍住委屈说道："我这是干净的铅笔，还没用过呢。"

"你还要狡辩，铅笔的事先不跟你计较，你就没想过你这样突然戳我会把我吓到吗？你怎么这么冒失！"嘉依不依不饶，声音又提高了几度，这让周围的同学都看了过来。

玉洁看到周围同学们或好奇或幸灾乐祸的目光，又羞又怒，冲着嘉依哼了一声便跑出了教室。

"这人怎么这样？明明是她不对，还给我脸色！"嘉依没心思看漫画了，她心中像烧着一把火，气得她把课桌上的书本摔得啪啪响。

上课铃声响起的时候，玉洁才耷拉着脑袋从外面跑进来，路过嘉依身边时看也没看她一眼就回到了自己的座位上，这让嘉依心里很不舒服。她以为玉洁会像以前那样，吵过之后没多久就又嬉皮笑脸地凑到她身边。一直以来，玉洁都是她最好的朋友，但是这次，好像变得不一样了……

放学了，玉洁离开教室时并没有叫嘉依，嘉依这才意识到自己好像做错了事，她开始后悔，怎么就没有压制住心中的那团无名火呢？

一连几天，玉洁都没有要和嘉依和好的迹象，嘉依痛苦极了。每当看到玉洁和别的同学说笑打闹，她多希望和玉洁玩的人是自己。可是，一切都不在她的控制中，她不知道自己该怎么办才好。

专家解读

青春期的女孩总是困惑为什么无法控制心中的无名火，有时候明明别人没有做错，但还是会对别人任性地发脾气。不知道你有没有发生过这种情况，是不是也曾很讨厌这样的自己？

其实青春期女孩爱发无名火通常是逆反心理的一种表现。逆反心理是一种单向、固执、偏激的思维习惯，它使人无法客观、准确地认识事物的本来面目，从而在面临问题时，会采取错误、偏激的方法。逆反心理在青春期会反复出现，任其长期发展下去而不加管束就会形成一种狭隘的心理定式，从而使青春期女孩分不清什么是正确、合理的解决方法。一般来说，逆反心理是孤陋寡闻、偏激和头脑简单的产物。

面对一直都很乖巧、突然变得脾气特别大的你，父母也很头痛，为什么脾气会变化如此之大呢？其实，青春期女孩爱发无名火是有一定原因的，首先，女孩进入青春期后，身体进入迅速发展期，体内的激素大量分泌，在这些激素的影响下，脾气会越来越大。其次，女孩的自我意识日渐成熟，她们时常会把自己当成大人，但由于缺乏生活经验，无法处理好自己的情绪，所以心中的无名火就会莫名地爆发。

正值青春期、总是爱发无名火的你首先要明白，乱发脾气的行为是错误的。想要压制自己的无名火，可多读一些正面积极的书籍；其次，你应该多在自己的兴趣爱好上下功夫，多接近大自然，感受大自然的广阔，你也会变得心胸开阔；最后，在和同学、朋友交往时要平心静气，不要让自己的负面情绪影响你们的友谊。

此外，月经来潮前的一些不适也会影响青春期女生的情绪，导致很多女生出现易怒、失眠、暴躁等现象，随着月经来潮，这些症状会逐渐减少或消失。对于有这种情况的女生，在日常生活中应该尽量避免不必要的精神刺激，并且保证生活作息规律，多参加一些文娱和体育活动。

延伸阅读

学会转移注意力

当你察觉到自己要发脾气时，可以做深呼吸，转移注意力，控制自己的情绪

如何控制心中的无名火

思考更好的解决方法

遇到问题时，发脾气并不能真正解决问题，可以寻找更好的解决方法

迫使自己冷静下来

当情绪升温，一定要迫使自己冷静、冷静再冷静，当冷静下来后，你往往就心平气和了

平时多培养自己的耐心

课余时间多找一些静心、细心和有耐心的事情去做，磨炼一下自己的脾气和性格

妈妈说给
@青春期女孩的话

女儿，进入青春期的你脾气越来越大，之前那个乖巧听话的"小棉袄"不知道去哪里了。你现在成了家里的"小霸王"，常常话没说上两句就发火。你知道吗？你这样，爸爸妈妈很难过，我和爸爸都希望你能成为一个豁达、开朗的女孩，不想你每天都生活在愤怒之中。

当然，你现在处于青春期，出现易怒、烦躁这样的负面情绪是可以理解的，但是你不能因为这样就放纵自己的情绪。在家里，爸爸妈妈可以包容你、宠着你，可是如果在学校你也这样不知克制，你和同学之间的关系就会变得很紧张。

没有人会喜欢一个任性、不知道体谅他人的人，如果肆意地让心中的无名火蔓延，你就会成为别人眼中自私暴躁的人。所以，在青春期这个性格养成的关键阶段，你一定要尽量做到大度、平和。如果实在受不了闷在心中的无名火，可以去做些诸如跑步或是读书之类有助于身心健康的事。总之，要让负面情绪发泄在静物上而不是别人身上。

爸妈要离婚，我以死相逼

人物	依柔
性格	温柔大方、文静内敛
苦恼	爸妈要离婚，他们到底有没有为我着想过
事件	为了阻止爸妈离婚，我闹自杀

※ 爸妈要离婚，我拼了命阻止

我叫依柔，在我 15 岁之前，一直都觉得自己很幸福。家里就我一个孩子，爸爸妈妈都非常爱我，无论我有什么要求他们都会尽量满足我。但是，在上个月，我收到了一个如晴天霹雳般的消息，那就是爸妈要离婚！他们离婚的原因是彼此没感情了，在一起总是互相看不顺眼，之前的恩爱都是秀出来的，现在他们无法忍受彼此，觉得分开才是最好的选择。

这天妈妈做了一桌好吃的，看上去很隆重，我苦笑着说："这是要吃散伙饭吗？"只见爸妈尴尬地笑了一下，然后妈妈对我说："女儿，爸爸妈妈因为一些原因没有办法继续相处下去，但我们对你的爱不会少，而且爸爸妈妈也不是仇人，我们会成为朋友，现在我们作为夫妻实在很难和睦地生活在一起。"爸爸也说："女儿，我们离婚后，可能很多人会问你父母为什么离婚，你可以坦然地说出你的想法，而且你跟谁住在一起都行，另外，每个星期我们都会和你见面，你有什么要说的吗？"

我听到他们的说辞，瞬间爆发了："你们离婚我不能接受，我不想没有家，更不想变成只有妈妈或者只有爸爸的孩子。"然后，我饭也没吃，气冲冲地回到自己的房间，拿出纸笔，开始写遗书，我想以自杀来威胁他们，以此来保全这个家。写好遗书后，我径直走到楼顶，爸爸妈妈也跟了上来，他们轮流地求我，但我脑海中只有一个念头：不让他们离婚，把事情闹大，这样他们就不会离婚了。

但是我的做法没有改变他们的决定，结局令我很痛心，他们还是偷偷地办理了离婚手续，还派小姨来做我的思想工作。现在一想到家没了，我觉得天都塌了，不知道以后该怎样去面对生活。

专家解读

我们知道，现在离婚率直线上升，最受伤害的就是孩子。因为两个人的感情不和，让一个家庭破碎，这会给孩子带来无形的压力，而现状是父母要离婚，从没考虑过孩子的感受，孩子并不是父母离婚的评判官。

世界上没有哪个孩子不在意父母的离婚，尤其是天性敏感、感情脆弱的女孩。进入青春期的女孩已经渐渐具备成熟的心智，面对父母离婚，一时间或许很难理解，但只要父母好好引导，真诚地与她们沟通，引导她们站在父母的角度去思考，她们会慢慢地接受这件事，就不会像依柔那样偏激，通过以死相逼来阻止父母离婚。

女孩，你现在虽然还未成年，但你也有自己的思想和见解，如果你知道父母是为了你才忍耐地生活在一起时，你会不会心痛？当爸爸妈妈为了给你一个表面上看似完整的家，守着他们那残缺不全的婚姻时，你还会感受到之前的温馨吗？不会，当你有一天知道真相，这只会给你带来更大的伤害。

每个进入青春期的女孩都不希望父母的婚姻出现问题，有的人会像依柔那样，认为爸妈不在一起了，天就要塌了。这种想法是错误的，女孩，你要明白，父母的家不会是你永远的家，父母的人生也不能全是为了你。如果分开是令他们更幸福的选择，那你能做的最好的事就是尊重他们的选择。他们各自幸福地生活想必是你想看到的，这样也是对他们各自人生的交代。你要明白，即使他们不在一起，还是你的爸妈，也会永远爱你，那么何不坦然接受呢？

延伸阅读

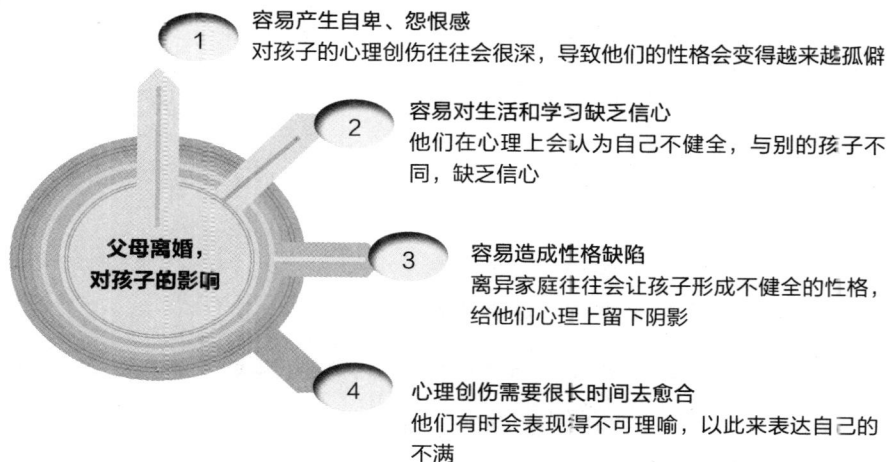

父母离婚，对孩子的影响

1　容易产生自卑、怨恨感
对孩子的心理创伤往往会很深，导致他们的性格会变得越来越孤僻

2　容易对生活和学习缺乏信心
他们在心理上会认为自己不健全，与别的孩子不同，缺乏信心

3　容易造成性格缺陷
离异家庭往往会让孩子形成不健全的性格，给他们心理上留下阴影

4　心理创伤需要很长时间去愈合
他们有时会表现得不可理喻，以此来表达自己的不满

妈妈说给
@青春期女孩的话

女儿，妈妈希望你明白，大人之间的感情不管变成什么样，都不是你造成的。妈妈很内疚没有给你一个完整的家，但是我和爸爸永远爱你。我们不是因为你而选择离婚的，妈妈也不想给你一个虚假的家庭。

大人的感情世界太复杂，妈妈知道不应该让你在这个年龄段承受这种压力，但是你要相信，不管我们以后在哪里，我们永远是你的爸爸妈妈。妈妈只希望你不要因为我们大人的情感问题而做出自暴自弃的傻事，这样只会让我们更自责，或许在你眼中我们是自私的，我们没有考虑你的感受，但我相信，等你长大了，你便会明白妈妈的苦衷。

被父母窥探隐私，我该怎么办

人物	宇萱
性格	活泼开朗、温柔善良
苦恼	妈妈总是偷看我日记，密码锁不知道换了几次了
囧事	妈妈窥探我隐私时，正好被我撞到

※ 初中生就没有隐私吗？

宇萱是一名初中生，有一天，她早上出门上学，没走多远，突然想起作业忘带了，就急急忙忙掉头往家跑。当推开自己的房门时，她看到妈妈正拿着她的日记本翻看，她的抽屉全被打开了，好几本日记都被妈妈翻开了。宇萱愣住了，非常生气地质问妈妈："你为什么翻我的抽屉，随便看我的日记？"

没想到妈妈的火气比她的更大："怎么了？我是你妈妈，看你的日记有错吗？"

"可是你没有经过我的允许，你这样做是不对的！"宇萱很愤怒地说。

"小孩子有什么允许不允许的，别忘了我是你妈妈，好了，快去上学吧！"妈妈不屑一顾地对宇萱说。

经历了这次事件后，为了对抗父母的窥视，宇萱绞尽脑汁，想了很多办法。那时她最喜欢做的事是把自己反锁在房间里，甚至在放学的时候，偷偷地溜进家，让父母以为自己还没有回来。她感觉偷来的清静特别珍贵，哪怕只有片刻也好。

事实上，宇萱躲在房间也没做什么事情，无非是戴着耳机听听音乐、翻翻小说、写写日记什么的。但只要父母一进屋，在她身后走来走去，她就如坐针毡。她怀疑父母故意进进出出，装作找东西，其实就是为了窥探她。有时候，宇萱恨不得能在头上顶一棵隐形草，还希望父母工作忙起来，忙到忘了她，别把那么多关注和管束放在她身上。

有一次，宇萱坐在桌前看书，无意间一回头，发现妈妈透过门上的玻璃窗在看她。不知道妈妈当时是有意还是无意，但宇萱却如临大敌。她想了一个办法：把一面镜子放在桌子上，让它对着门，只要妈妈朝她房间里看，宇萱就可以知道。但宇萱心里还是感觉不踏实，因为她做不到每时每刻都盯着镜子。终于有一天，宇萱找了个借口，在玻璃上贴了一张画，妈妈再也无法窥探她了。

专家解读

隐私是每个人藏在心里、不愿意告诉他人的秘密。每个人都有自己的隐私，处于青春期的你也不例外。随着年龄的增长，你的生活领域扩大了，知识和情感也逐渐丰富起来，自我意识、自尊心在不断增强，童年时无所顾忌敞开的心扉也渐渐关闭起来。但是，父母可能还没有意识到进入青春期的你心智上已趋于成熟，忽略了对你隐私的尊重。总认为他们是你的父母，就有权利进入你的世界，可以查看你的隐私，以至于做出私拆信件、偷看聊天记录及查日记之类的事。

生活中，很多孩子和父母在"隐私"问题上或多或少都有过交锋。一封封粉色的信件让父母疑心大起；你把真实想法写在了日记中，父母也希望能够"拜读"；有电话打到家里找你，父母要详细盘问；父母在微信朋友圈里面充当"卧底"……这些"关心"的行为会让处于青春期的你感到很不舒服。

为什么你喜欢把抽屉上锁呢？为什么你那么反感父母偷看自己的日记呢？为什么你不想让他们看你的手机呢？这是因为进入青春期的你有了强烈的独立

意识，拥有了自己的隐私，渴望被他人尊重，这是你独立意识和自尊心的一种体现。而且，进入青春期后，你对父母的依赖逐渐减少，独立意识越来越强烈，成人化倾向明显，希望自己的自主性和独立性得到尊重。

尤其是当你不想与人交流时，喜欢把自己的想法写在日记里，这就是你心里的秘密。为了自由，你的秘密越来越多，时间久了，你会觉得自己跟父母就像玩起了捉迷藏游戏。一个躲藏，一个寻找；一个隐瞒，一个窥视。这样有意思吗？你可能觉得没意思，其实父母也觉得没意思。为了不让双方的关系变得太糟糕，我们可以摆正心态，以朋友聊天的方式与父母多沟通，让他们明白你在想什么，让双方都有自由的空间，既可以保护好自己的小秘密，又不伤害和父母的感情，何乐而不为呢？

延伸阅读

内心的一种珍贵体验
用日记的形式来记录自己的内心世界

自我意识的成长
锁在日记本里的不是秘密，而是自己内心的小世界

锁在日记本里的秘密

走向独立与成熟的关键
拥有个人秘密象征着有了自己的小世界，是每个孩子成长的必经之路

妈妈说给
@ 青春期女孩的话

女儿，你知道吗？当你进入青春期后，我不知道该怎样爱你了，或许你也不知道该怎样接受我的爱了。青春期的你心思会变得细腻，情绪会变得更加敏感，就像走在即将解冻的冰面上，随时都有可能跌入水中，被坏情绪浸得满身冰凉。

当我忍不住翻看你的日记时，你表现得气愤不已，看到你极为不满的表情，我很难过。我之所以这样做，是为了更好地了解你，说一句真心话，这不是在为翻看你的日记找借口。如果平时你能多与我交流，说说心里话，讲讲近期发生的事情，我也就不需要通过"偷看"你的日记来了解你了。

说到这里，我不禁感到遗憾，因为工作繁忙，我忽视了你这个渐渐长大的孩子，没有抽出时间和你沟通，这也导致你在一定程度上不愿和我交流。当你发现自己的隐私被窥视了，之所以会非常生气，是因为你觉得自己没有得到尊重，还有一点就是你体内激素的作用，因为你处在青春期，激素分泌旺盛，这也会对你的情绪产生一些影响，有时还会让你的情绪起伏不定，一会儿满怀希望，一会儿沮丧消沉。这种负面情绪还会引起恐惧感、怨恨和愤怒。

说了这么多，妈妈最想说的是，我知道你有了独立的意识和想要获得尊重的心理，我知道窥探你的隐私是不对的，今后将不再那么做。只希望你能像小时候那样敞开心扉，与妈妈保持畅快有效的沟通，当你有困扰的时候，不妨跟妈妈讲，那样妈妈会很高兴的。

不用你管，能不能别烦我

人物	思昂
性格	善良、内向
苦恼	最近总是跟妈妈顶嘴，是不是不太好
事件	惹妈妈伤心了

※ 脾气随着年龄见长

每个人小时候最亲近的人就是妈妈，思昂也不例外。小时候的她每天跟在妈妈屁股后面，就像条小尾巴一样。但是自从进入青春期后，她突然变得非常奇怪，不仅不爱和妈妈在一起了，还常常和妈妈发生矛盾。

现在让妈妈最不能容忍的是，思昂的脾气非常暴躁，动不动就摔门而去。前些天，思昂不知道跟谁学会了说脏话，常常把脏话挂在嘴边。对于女儿的这一不良行为，妈妈苦口婆心地给她讲了很多道理，但是她根本听不进去，有时候还会不耐烦地对妈妈说："你别说了，真是太烦了。"后来妈妈也火了，每次发现思昂有不良行为时，都狠狠地教训她，有两次还气得差点儿动手打她。

经过几次教育，妈妈并没有改变思昂的行为，后来妈妈甚至发现女儿常常故意气自己，只要看到自己生气她就非常高兴。现在妈妈和思昂的关系闹得非常僵，妈妈常常想，该用什么样的方法和女儿好好地沟通呢？思昂也想不明白，为什么自己一听到妈妈的说教就会感到非常烦，控制不住自己的情绪。事后，她也知道自己说出口的话非常伤人，却不知道怎么办，她很苦恼。

专家解读

进入青春期的女孩经常感到困惑："明明自己长大了，是个中学生了，为什么爸妈还要严厉地限制我的自由？交朋友、学习等，都不能自己做主。有时候真想对父母大喊一声：'不用你管，能不能别烦我！'"

当女孩进入青春期后，往往会发现自己已不是那个乖巧、可爱的女孩了，相反变成了一个喜怒无常、情绪多变、动不动就想和父母吵架的不安分子，甚至学会了说脏话，动不动就吐脏字，自己有时都难以接受，父母更是不能理解。其实，这是青春期女孩的一种叛逆，出现不听话、情绪不稳定、吐脏字等表现都是很正常的事。德国著名的儿童心理学家夏洛特·布勒就曾把青春期称之为"消极反抗期"。在青春期，由于孩子的身心逐渐发展和成熟，很容易对生活采取消极反抗的态度，否定以前发展起来的一些良好本质。

从生理上来说，青春期孩子的叛逆是由中枢神经系统的兴奋过强引起的。科学研究表明：当中枢神经系统的功能与个人的身体的外围相应部分的活动之间形成某种一致的时候，人的身心方面就会处于和谐的状态。但是，青春期的孩子因为中枢神经系统处于过分活跃的状态，所以对于周围的刺激，如他人的态度和评价等表现得非常敏感，反应也非常强烈，从而就会出现叛逆表现。

青春期时女孩进入第二反抗期，自我价值观开始形成，向往独立，喜欢表现自己，特别渴望得到外界的肯定。随着身心发展的日趋成熟，以及迫切希望谋求独立，她们开始反抗老师、父母，通过这些反抗行为来证明自己长大了。

此时，父母和老师的引导就变得非常重要，父母们不要总是抱怨自己的女儿如何如何不听话、如何如何叛逆，而是应该多引导她们看到自己哪里做错了，哪里需要改正以及如何完善自己，这样，叛逆的女孩才会朝着父母期望的方向前进，才会变得更加积极努力。

延伸阅读

青春期女孩与妈妈的日常交流

妈妈说给
@青春期女孩的话

　　女儿，妈妈恭喜你长大了，进入青春叛逆期说明你快要成为大人了。都说青春期的孩子一半是儿童，一半是成人，真的很对。正因为如此，当你不断顶撞父母，反对父母做出的一切决定，拒绝父母的帮助，向父母关上心门的时候，我们并没有怪你。

其次，妈妈要向你道歉，很多时候，我们只是站在自己的角度看待你的叛逆问题，我们会用声音来压制你，不能保持冷静，发现你的兴趣爱好会影响功课时，就不自觉地想要禁止，而没有真正了解你的想法，我们总是希望你能听话，却没有听听你的建议。以后，我们会尽量避免这些问题。

不过，女儿，妈妈想让你知道的是，父母的啰唆和老师的批评都是为了你好，是善意的，是为了让你健康发展。你要知道，老师和父母也是人，也有自己的喜怒哀乐，也会误解人，也会犯错误，所以当你觉得自己被误解的时候，希望你宽容地接纳和理解，同时，也希望你把自己心中真实的想法说出来，这样，我们才能一起去寻找解决问题的方法，不是吗？

青春期是一个特殊的时期，爸爸妈妈尽可能做到体谅你、包容你，而你自己也要把握自我，虚心接受父母和老师的教育，遇到委屈的事可以说出来，但是不要乱发脾气，因为这样只会让你更愤怒。

此外，妈妈希望你能够多多参加课外活动，不要把自己孤立起来，多走到朋友中间，多从集体中吸取力量，你不仅会找到自己的乐趣所在，还能发挥自我价值。更重要的是，当你沉浸在快乐中时，你的逆反心理就会慢慢消失，何乐而不为呢？

我为什么会变得越来越敏感

青春期
小档案

人物	飞扬
性格	活泼开朗
苦恼	进入青春期后发现自己变了，变得非常敏感
事件	总觉得有人在背后议论我，该怎么办啊

※ 发现自己越长大越敏感

飞扬一直以来都是一个活泼懂事的小女孩，但是自从上了初中后，她发现自己变得非常敏感。

每当听到身后有同学围在一起窃窃私语时，她都怀疑那些人是在说自己。还有，如果在她主动要求和同学一起看电影遭到拒绝后，她就会想是不是有人说了她什么坏话，让同学都不爱理她了。

越是怀疑有人说她坏话，她越是不敢和别人多说话，渐渐地，飞扬变得沉默寡言，别人跟她打招呼时，她也只是笑笑，并不多说什么。但就算这样，飞扬还是会遇到让她耿耿于怀的事情。前两天，她发现自己的橡皮擦不见了，只好向前面的同学小元借用，恰好小元也没有橡皮，无法借给她。本来是件很正常的事，但是飞扬却觉得小元讨厌她，故意不借给她。

就在当天，下午课间休息时，飞扬听到小元和旁边的同学在小声议论着什么事情，模模糊糊中，她好像听到了自己的名字。

"他们是在说我吗？我没有得罪他们啊，难道他们对我有误解？"飞扬不停地在心里犯着嘀咕，脸憋得通红，恨不得把耳朵凑过去听个清楚。

因为总是这样疑神疑鬼，飞扬觉得自己越来越不能全神贯注地听课学习了，她很苦恼，可是又不知道该跟谁说。

专家解读

敏感是指感知较为敏锐，即对外界事物反应很快。对于青春期女孩来说，适度的敏感是正常的，也是可以理解的，毕竟青春期女孩正处于自我意识强烈、对自我比较关注的年龄段，这时，适度的敏感对保护自己是有帮助的。

但是，如果神经绷得太紧，一个很小的动静都会让你静不下心来，这种敏感就会上升到性格层面。虽说性格并无好坏之分，但是如果过于患得患失、庸人自扰，就不能放松自己，也不能用理智、平和的心态面对身边的人和事，从而让自己失去很多朋友和进步的机会。

性格过于敏感的人会过度在意细节带来的感受，习惯将这种感受放大，并作出相应的反应。敏感的人情绪总是不稳定，可能刚刚还在为一件小事烦恼，没过一会儿就可能被别的事逗笑。总之，就是什么事都爱装进心里。其实，敏感的人应该尝试换位思考，不要戴着有色眼镜看人，要相信身边的人大多是善良的。此外，敏感的人也有很多优点，如心思细腻、洞察力强。

延伸阅读

家庭方面，多是从小被家人严格保护起来

在个性上，天生感情脆弱，多愁善感，经不起强烈刺激

生活方面，圈子较小，往往不能和同学打成一片，总是喜欢独来独往

引起敏感心理的原因

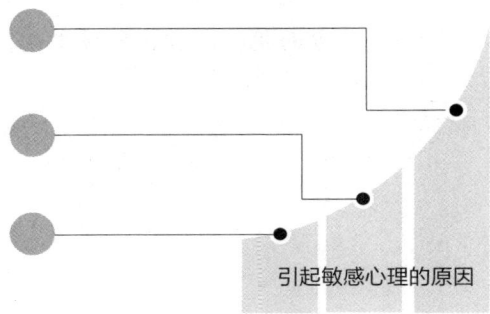

身处青春期，很多人都会莫名其妙地敏感起来，看到有同学在窃窃私语就会联想到是在谈论自己，这原本算不上什么问题。但是如果敏感过了头，很长时间都摆脱不了这个状态，就需要多和爸爸妈妈或老师同学交流了。

生活中，难免会被他人恶言中伤。但人都是有感情的，有时候，是否被伤害可由你自己决定。如果别人并没有恶意，只是你自己控制不住胡思乱想，总感觉受了伤害，那你就是过于敏感了。要改变这种状态，你可以尝试从以下几个方面入手。

（1）保持良好心态，不要过于关注别人对自己的态度，也不去在意别人的窃窃私语。告诉自己，自己一切正常，没有什么可以让别人嘲笑或不满的。

（2）多参加课外活动和体育运动等团体活动，充实自己，放松心情，让自己融入一种积极向上的氛围中。

（3）直接找对你有意见或看法的同学谈话，但是一定要保证和气，如果有什么误会，要尽快化解。

女儿，妈妈还有一句话要告诉你：良言一句三冬暖，恶语一句六月寒。在别人没有当面对你进行言语中伤时，你千万不能仅凭自己的想象去跟别人吵架。凡事要往好的方面想，让自己的眼光放宽些、放远些。

为何会有挥之不去的孤独感

青春期
小档案

人物	芷嫣
性格	文静、内向
苦恼	长大真的很孤单，总是觉得自己很孤独
事件	越长大越孤单是真的吗

※ 我很孤独

芷嫣是个初中女生，她说："现在不知道为什么对父母的唠叨非常反感，发现老师也不像往日那么和蔼可亲了，无论做什么，父母和老师都不理解我，以前和我无话不谈的同学、朋友，现在也不和我说话了，我真的感到很孤独！"

自从进入青春期之后，芷嫣就感觉告别了天真活泼的儿童时代，心里常有一种说不出的烦躁感和孤独感，对同伴的嬉笑玩耍感到厌倦，对父母的关心唠叨感到厌烦。她说自己以前非常信奉一句名言：走自己的路，让别人去说吧！想做一个特立独行的人。可是，现在她发现这样会使自己失去朋友，变得越来越冷漠、越来越孤独。她感觉好像越长大越孤单，她非常渴望走出这孤独的内心世界，渴望有可以倾诉的对象，但她不知道该怎样做……

专家解读

青春期的你是不是有一段时间情绪特别低落，似乎对什么事情都提不起兴趣，懒得跟别人交流，开始封闭自己？是不是觉得自己非常悲观，整个世界好像要崩塌了一般？其实不用担心，这不是病，这只是我们成长过程中的正常现象。

青春期的女孩一方面想表现出自己独立和成熟的一面，另一方面又特别希望和别人交流，但自己又不愿意敞开心扉，于是就有了挥之不去的孤独感。那么为什么到了青春期会觉得孤独呢？美国学者认为，导致青春期女孩孤独的原因主要有以下三个。

第一，青春期的女孩没有明确自己到底是怎样的一个人，也就是没有对自己进行准确的定位，还不能深刻地认识自己。当别人的言谈举止让自己不高兴时，就会想"是不是因为我长得难看""是不是别人觉得没有必要关心我"等，这是感到孤独最重要的原因。

第二，青春期的孩子升入中学，进入一个新的班集体，之前的好朋友渐行渐远，就需要学会和新同学交往。但是与新同学交朋友并不是一件容易的事情，一旦结交朋友失败，内心就会受到很大的打击，这也是造成孤独感很重要的原因之一。

第三，对朋友的期望过高。当好朋友在身边时，你就不会感到孤独。但是好朋友不可能总是陪在你身边，不可能总是那么细心周到地对你，所以，当他们不在你身边或者跟别人谈笑风生时，你就会感到失望，越失望，你就越感到孤独。

如果这种孤独感没有及时消除，日积月累，你就会变得孤僻、冷漠，还容易产生以下问题。

（1）社会交往障碍。缺少社会交往是青春期女孩感到孤独的关键，孤独又使女孩羞于交往，这样就形成了恶性循环。

（2）语言沟通障碍。孤独感强烈的女孩一般不太喜欢说话，她们更多是以沉默的方式去对待周围的人。她们不会主动与人交谈，常常自言自语，但别人听不懂她们说的到底是什么，她们却以自己已有的小天地为乐。

　　青春期原本就是一个极容易烦躁的时期，而且女孩比男孩更容易陷入内心孤独和纠结的状态。心理学家斯普兰格曾经说过："没有谁比青年人从他们孤独的小屋里更加用憧憬的目光眺望窗外世界了，没有谁比青年人在深沉的寂寞中更加渴望接触和理解外部世界了。"

　　归根结底，青春期的孤独感其实是女孩们自我意识发展的表现。

延伸阅读

调节情绪的方法

分解法	想哭就哭	一读解千愁	穿上喜爱的衣服
把不良情绪罗列出来，然后一个个消灭	哭能缓解压力与孤独，哭过后心情往往会变好	心情不好时，多看看书，思想会变得开阔，心情也会变好	穿上喜爱的衣服在一定程度上能缓解你的心理压力与孤独感

妈妈说给
@青春期女孩的话

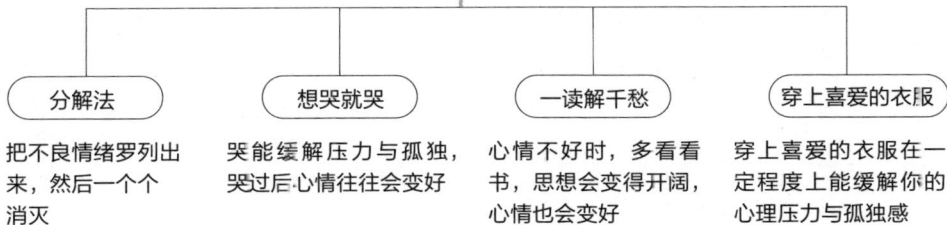

　　女儿，进入青春期后，你或许会时常冒出这样的想法：在这个诺大的世界上竟然没有一个人能理解我、我很孤独、我感觉被世界抛弃了……这些其实都是青春期常见的心理现象。因为到了青春期，你会发生很多变化，除了生理上的，心理上的想法也会逐渐成熟。

　　你和我们开始有了意见冲突，你渴望独立，渴望结交新朋友，尤其是自己喜欢的异性朋友，你时常觉得自己是大人了，应该拥有自己的世界。当你的一系列想法和做法受阻时，你会很受打击，并且感到孤独。遇到这些问题，你不知道怎样解决，也找不到控制的方法，想改变现状，但结果总是让自己失望。

妈妈希望你不要失望，现在你需要忍耐和等待，随着你不断成长，就会渐渐摆脱那种孤独寂寞的心情。

其实我也没想真的离家出走

人物	梓欣
性格	腼腆、内向
苦恼	家里有"虎妈"，受不了压迫，很想离开家
事件	每次考完试，都有种离家出走的冲动

❋ 一怒之下逃离那个家

梓欣是一位中学生，学习努力，但成绩一般。梓欣的妈妈脾气有些不好，只要梓欣有不对的地方，就会对她进行批评教育。一连几次下来，梓欣开始怀疑自己是不是妈妈的亲生女儿，一度怀疑自己是抱养的孩子。

这次英语考试成绩下来了，梓欣拿着一张不及格的试卷，交给妈妈签字。妈妈瞄了一眼试卷，便大发雷霆，扬手给了她一记响亮的耳光。梓欣捂着火辣辣的小脸，哭了，她哭的不是脸上的疼痛，而是妈妈的态度。妈妈在她心中就是严厉的"虎妈"，从她小时候开始妈妈就对她严格要求，日积月累，她与妈妈之间的矛盾越积越深。她听到妈妈生气地说道："你怎么这么不争气，这么差的成绩，还敢拿给我签字？"

梓欣恨恨地说道："你只会打我，只会把所有问题都归结在我头上，可你反思过自己吗？我根本就不是你亲生的，你总是拿我跟别人比，总说别人家的孩子有多好，可你知道别人家的妈妈都是怎样关心和爱护孩子的吗？你只知道打我、教育我，可你做得就对吗？"妈妈被她彻底激怒了，拿起屋里的扫把就要打她。梓欣一怒之下，摔门而出。

这次梓欣真的离家出走了，她心想再也不要回到那个没有爱的家，再也不要在妈妈的打骂中度日。

专家解读

青春期的女孩总是有很多不满：讨厌爸妈吵架、讨厌被爸妈忽视、讨厌自己不上进，厌烦父母的管教方式。为了躲避这一切，很多女孩产生了离家出走的念头。

青春期的女孩有了行动上的自觉性，也有了独立的意识。当发现自己所处的环境与自己的意念相违背后，便容易离家出走。她们之所以离家出走，除了有自己的原因外，大部分原因还是来自家庭。众所周知，青春期是女孩成长中的特殊时期，也是行为和情绪最不稳定的时期。因此，为了不让女孩有离家出走的想法，家长应该学会理解女孩，积极调整和女孩的关系，陪伴女孩度过这个特殊的时期。

离家出走，对于青春期女孩来说，她们也很迷茫。父母要多体谅她们、理解她们，因为她们离开家有时只是想寻得一处安静的空间，并没有真正想离家出走。

作为女孩，也应该多想想，离家出走会让父母多么着急。虽然父母在某些事情上没有做到关心你，使你感觉没有被重视、被尊重、被理解，但你也不应该采取离家出走的极端方式。外面的社会很复杂，如果你在离家期间遭遇危险，最伤心、最痛苦的还是父母。

要知道，离家出走是一种很愚蠢的方式，父母、同学、老师等这些人都是你最重要的人。因此，与其离家出走，不如静下来好好想一想怎样与父母沟通。

延伸阅读

学习差，考试压力大，被误解，产生逆反心理

↑

青春期女孩自我意识膨胀，希望寻求独立空间和自由 ← **青春期女孩离家出走的原因** → 父母要求太高，导致压力大，想离开家庭

↓

父母只注重自己的需求，对孩子一味地严苛管教

妈妈说给
@ 青春期女孩的话

女儿，妈妈知道你有独立意识，与我发生争执后，你摔门而去，我知道你不是真正地想要离家出走、不是想离开爸爸妈妈，而是想以这种方式来反抗。可你要知道，你这样做，不仅会将自己置于危险的境地，还会让我很着急，也很伤我的心。

或许我的教育方式有问题，或许我没有做到真正关心你、理解你，我不该拿你与别人对比，也不该在你考试成绩不理想的时候唠叨你，妈妈知道错了。

有人说过："要想知道孩子眼中的世界是什么样子，你得先蹲下来，从孩子的位置和高度去看世界。"我现在知道，如果想要走进你的内心世界，首先应该放下家长的身份，从你的角度思考和看待问题，那样我们之间就不会有那么多不可调节的矛盾了。

妈妈以后会学着和你平等相处，不会再逼迫你学习，也不会再逼你做你不想做的事情，但是一些原则性问题，你也多听一下妈妈的建议，好不好？

人不叛逆枉少年，总想"叛逆"一回

人物	宇婕
性格	温柔、叛逆
苦恼	生在离异家庭，不希望妈妈再嫁
事件	看到别的男人追求妈妈，心里不痛快

✳ 自从你打了我

一天，宇婕参加完学校的合唱团排练后，回家有点晚。走到家门口，她看到妈妈和刘叔叔（宇婕的爸妈离婚多年，她与妈妈在一起生活）坐在院子里的葡萄架下，妈妈在缝衣服，刘叔叔在看书，两人不时地轻声聊几句。当妈妈的头发垂下来时，刘叔叔伸手去帮她把头发拨到耳后，妈妈脸上带着满足和幸福的表情。

那一瞬间，宇婕再也无法控制自己满腔的愤恨，她径直冲进院子，噔噔噔地上楼，一脚踢开卧室的房门，放下书包后，来到院子里，猛地夺过刘叔叔手里的书，狠狠地掷在地上，大声说道："不许你看我的书，这是我家，我不欢迎你，你走！"

见宇婕如此无礼，妈妈非常生气，抬手要打她，却被身旁的刘叔叔制止了，并急忙劝道："别打孩子，她还小！"这原本是长辈对晚辈的一种爱护，却被宇婕视为假心假意。宇婕冷笑道："你少装模作样地充当好人，谁不知道你喜欢我妈妈，来我家就是为了见我妈妈，你不要痴心妄想了，我是坚决不会同意的……"

刘叔叔呆呆地站在原地，脸上一片死灰。妈妈再也听不下去了，勃然大怒，给了宇婕一记响亮的耳光，大声吼道："你胡说些什么？给我闭嘴，你今天怎么了，吃错药了吗？"宇婕捂着肿痛的脸，流下了委屈的泪水，她大声地说："我恨你们！我恨这个家！"然后，她冲进了卧室。

第二天，宇婕决定把自己变成坏女孩，她在耳朵上打了三个耳洞，把牛仔裤的膝盖处剪破了，染了红色的头发，还光明正大地逃课……

专家解读

在我们身边，变化最大的孩子往往之前都是乖孩子，到了青春期后却突然叛逆起来，变成了令人讨厌的"问题孩子"。不可否认，青春期是一个"动荡期"，这个时期的女孩从思想到情感都出现了"质"的变化。青春期，那个乖巧的女孩仿佛在一夜之间消失了，取而代之的是一个经常闷闷不乐、喜怒无常、情绪起伏很大的敏感叛逆女孩。

其实在每个女孩的内心深处都有一种叛逆、冲动的念头，只不过有的孩子把这种念头埋藏得很深，一直没有爆发出来。进入青春期后，由于生理和心理等方面出现了较大变化，在受到刺激时，内心的抗议可能像沉睡多年的火山一样喷发而出。

进入青春期后，那些乖孩子开始不喜欢总穿着单调的校服和妈妈为自己选的简单衣服；她们不想顶着一头简洁利落的短发，而是希望自己的发型更奇特一点；她们不愿意总是连声答应，也想抬起头顶撞几句；她们不甘心总是坐在兴趣班的某个角落，也希望在班上备受瞩目。

是的，不可否认，她们很想叛逆一回，把头发烫成爆炸式，染成红色、黄色，穿上奇装异服。可是很多孩子不敢做，害怕父母生气，害怕老师对自己有偏见，所以，她们只能压抑。或许她们在那些"问题孩子"的家长眼里是好孩子，看起来很乖，可是有时候她们却不这么看待自己，她们觉得自己太拘束、太标准化了，没有大胆的尝试和特别的体验对她们来说是一种无法弥补的遗憾。

延伸阅读

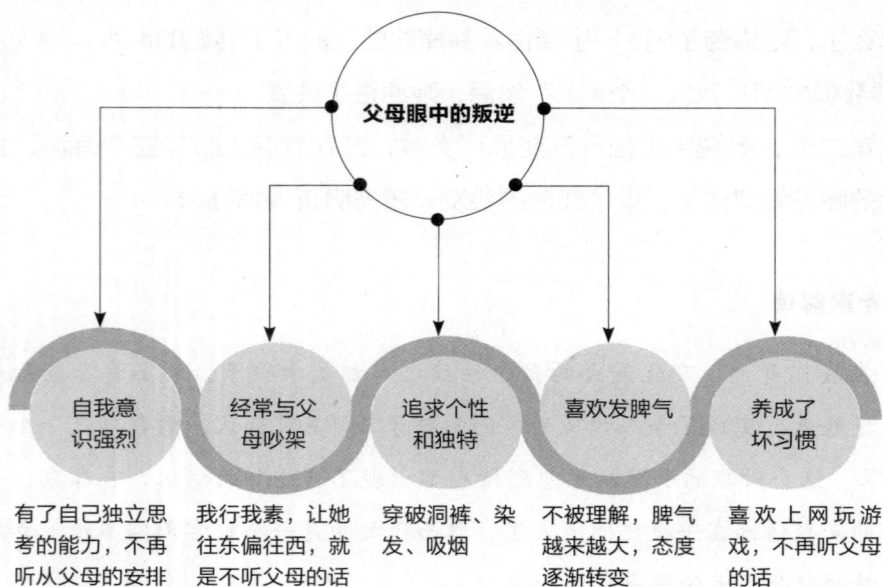

父母眼中的叛逆

自我意识强烈	经常与父母吵架	追求个性和独特	喜欢发脾气	养成了坏习惯
有了自己独立思考的能力，不再听从父母的安排	我行我素，让她往东偏往西，就是不听父母的话	穿破洞裤、染发、吸烟	不被理解，脾气越来越大，态度逐渐转变	喜欢上网玩游戏，不再听父母的话

妈妈说给
@青春期女孩的话

　　女儿，妈妈不知道在你的心里是否有过"好想叛逆"的想法。妈妈知道你是个好孩子，你认真对待学习，努力做到"天天向上"，你静静地读书写字，默默地努力付出。

　　在青春期之前，你的努力可能充满动力，可是当你进入青春期后，你就可能按捺不住自己暗藏心底的叛逆情绪。看着身边一些花枝招展的时尚少女，再看看自己穿的一身普通的校服，你不由自主地低下了头；看着电视剧里同龄的孩子打着耳洞，嘴里叼着香烟，你感叹她们好酷！

是啊，看着别人丰富多彩、生动绚丽的青春期，你会感觉自己的青春期是那么单调，除了学习还是学习。之前无心关注自己的相貌，现在开始关注了；之前不知道怎么打扮自己，现在开始想涂抹化妆品，穿低腰裤、吊带衫、高跟鞋了。你期待受人关注，被人崇拜。这种心情，妈妈比谁都能理解。

妈妈知道，你也想叛逆一回，也想找点新鲜的刺激，也想随心所欲一回。别人家的孩子一有空就在游乐场、操场、电脑上疯玩，而你却只能乖乖地坐在屋里写作业、看书，你可能会觉得非常枯燥。妈妈认为表达自己的意见未尝不可，你也可以为自己争取一些自由的空间，毕竟你已经进入了青春期，已经是个大人了，你有权也有能力掌控自己的生活。

可是表达自己的想法需要注意方式，一定要记住不可大吼大叫、大哭大闹，更不要摔东西。妈妈希望你在思想上可以"叛逆"一点，如对一个问题提出自己的观点、学会质疑他人的意见，但在行为上要注意约束自己，要知书达理、友善待人，这是你获得良好人际关系的重要保障。

妈妈想告诉你的是，心中有叛逆的怨气要及时发泄出来，这样对你的身心健康是有好处的。妈妈希望你把爸爸妈妈当成朋友，不高兴了可以向我们倾诉甚至是哭诉，当你倾诉、哭诉完，相信你内心的怨气也就逐渐消散了。

第五章

别在网络中游荡

网络拉近了你我的距离，却不知让多少无知的少男少女迷失了自己。那个独特的网名，记录的不知是你当时的心情还是虚幻世界中真实的你，游荡在网络中的心通常是寂寞空虚的。

网络世界是虚幻的，而我们生活在现实中，网络中的梦终会醒来。在这个人来人"网"的虚拟世界中，充斥着各种各样的陷阱，如网友见面被骗、朋友圈代购陷阱、网络游戏及网络中的色情与暴力等，我们应该保持理智，不要让自己的身心健康受到伤害。

我想和网友见面，行不行

青春期
小档案

人物	静然
性格	活泼开朗
困扰	想和网友见面，总被妈妈阻拦
事件	偷偷和网友见面

❋ 在妈妈的跟踪下见了网友

这天，上初中的静然突然对妈妈说要去见网友，可把她妈妈急坏了。因为静然只是和对方在网上聊过天，虽然对方说自己是和静然年龄相仿的女孩，但谁知道她是不是骗子，说不定对方是个男人呢，所以妈妈禁止女儿去见这位网友。

静然看到妈妈不支持，便对妈妈说："我早就知道你会有这个反应，但这个网友我见定了，只是告诉你一下，对方不是坏人，而且她家离咱家也没多远。"看着女儿坚定的眼神，静然妈妈知道这时再严厉禁止只会起到相反的效果，于是对静然说："妈妈刚才的担心是正常反应，毕竟你还这么小，我当然很担心你的交友问题，更何况还是网友，网上的骗子花样多得很。我可以让你见这位网友，但你要告诉我为什么非要见她，你在学校里不是有很多朋友吗？"静然说："我们两个都喜欢打网球，并且决定每个周末都一起去打网球，这周就是先见个面，彼此熟悉一下。"

知道原因后，妈妈没再说什么。但女儿去见网友的当天，妈妈悄悄地跟着去了，以确保女儿的安全。后来，静然的妈妈发现，和女儿见面的那个女孩的妈妈也跟在后面，和自己一样担心。后来，静然回家后说："妈，还是你好，我网友她妈妈还跟着，生怕我是坏人。"

专家解读

网络拉近了陌生人之间的距离，却也在亲密的人之间隔了一道屏障。曾有一项专门针对如何教育未成年人展开的调查，其结果显示，对孩子单独外出表示"很放心"的父母只占8%，"比较放心"的父母有20%，而回答"不怎么放心"和"完全不放心"的父母则分别占52%和20%，其中55%的父母不允许孩子见网友。

有些女孩想见网友，无非是出于好奇。她们很不明白，父母为什么不允许自己见网友？青春期的女孩心思单纯，没有戒备心，又正处于渴望友谊的阶段，假如生活中缺乏朋友和家人的关心，而在网络中正好有个人可以耐心地倾听她的苦恼，那么就很容易让她对网友产生依恋，并且会有想要见面的冲动。

父母并不知道女孩渴望与网友见面的原因，他们出于对女孩的保护，才会想方设法地阻止女孩去见网友。而女孩见网友的原因大致有出于好奇、学习压力大、内心空虚及无法和家人沟通等，无论什么原因，都说明在现实中她的某种心理需求没能得到满足。

青春期是人生中重要的特殊时期，生理上的变化加上心理上的变化，使得这个时期的女孩感到十分茫然。她们需要被认可、被理解、被肯定，需要有人耐心地倾听她们的心声。如果父母没有时间关注她们，而是任其与陌生网友在网上相识，她们势必会在网络的世界中越陷越深。

女孩，为了不让自己受骗，你应该学会主动去了解周围的同学、朋友，真诚地和他们交流，之后你会发现完全没有必要从陌生人那里寻找安慰。

延伸阅读

要保留
自己的个人信息要保留

不要急
稳定情绪，不要被网友牵着鼻子走

青春期女孩与网友见面，应注意"三要三不要"

不要被迷惑
头像帅气不代表本人好看，不要丧失理智

要细心
时刻保持理智

要告知
与网友见面要告诉家长或朋友

不要去隐蔽或者偏僻的场所
不要与不熟悉的人去隐蔽或者偏僻的场所，应时刻保持头脑清醒

妈妈说给
@ 青春期女孩的话

　　女儿，网络是虚拟的，你知道网络有多么混乱吗？曾有一项调查研究表明，有些青春期女孩曾向网友透过某些密码，结果对自己的生活、学习和交友造成了诸多不良影响。要知道互联网安全的第一条规则就是不要向别人透露各种密码。

　　女儿，妈妈不是不相信你，只是不放心你独自去见陌生人。妈妈之所以希望能和你一起去见网友，是因为这样至少能保证你的安全。我可以不露面，但一定要让我和你一起去。妈妈不想因你见网友这件事而表现得不通情达理，我可以给你多一些信任和理解，同时你也要坦诚地告诉妈妈你要见网友的真实想法，这样我们才能达成共识。

　　女儿，你要时刻记住，作为女孩一定要学会保护自己。在网络的虚拟世界中，交友要格外谨慎，当有人约你见面时一定要守住自己的原则，提高安全意识，加强自我保护，千万不能单独与陌生网友见面。

你是"低头一族"吗

青春期
小档案

人物　　　　诗晴

性格　　　　内向、自卑

苦恼　　　　手机时刻不离手，没有手机就像没有了全世界
　　　　　　一样

事件　　　　手机让我成绩下滑，越来越堕落

※ "手机控"让她学习成绩下滑

诗晴是一个品学兼优的女孩，最近老师发现她上课时总是无精打采，看上去十分疲惫。老师问她，她总是说没什么，老师猜想可能是学习累的，就嘱咐她晚上要好好睡觉。

自从有了手机，诗晴便无心学习，时常在课堂上和同学发微信、聊 QQ；晚上回到家中，她也只想早早钻进被窝，打开手机玩游戏、看小说。这天在课堂上，诗晴的手机突然响了，老师走到她身边，委婉地劝她上课时手机要关机，最好不要带手机来学校。可是诗晴根本离不开手机，她已经成了名副其实的"手机控"，她不是拿着手机看小说、聊天，就是自拍、逛淘宝，每过十分钟刷一次朋友圈已成为她的一种习惯。

诗晴的成绩一落千丈。老师再三劝导，她还是无心学习，最后只好让她的父母把她领回家。每当想起这件事，老师都为她感到惋惜。本来那么

可爱成绩又好的女孩，却被手机变成了现在这个样子。

专家解读

　　随着智能手机的普及，人们大部分的业余时间都被刷朋友圈、玩游戏、看视频或者逛淘宝占据，有这种行为的人被网友们称为"低头一族"。

　　"世界上最远的距离不是生与死，而是我们坐在一起，你却在低头玩手机。"这是网络上对"低头一族"的慨叹，虽然只是调侃，却真实地表达了现在人们过度依赖手机的状况。我们并不是说不让青春期女孩玩手机，而是要适度。你或许经常在马路上、餐厅内、公交车上甚至是超市里，看到很多人双眼盯着手机，这种行为不仅是对自己的安全不负责任，也是对他人的一种不尊重。

　　女孩，或许你也经常在新闻中看到，有人因为一边走路一边玩手机而掉进坑里受伤，有人走路玩手机被车撞了，有人因为玩手机而忘了照顾身边的孩子，导致孩子受伤……对于这些让人心痛的事件，你要引以为戒，学着放下手机，抬起头来生活。

延伸阅读

"低头一族"

1. 你是不是"低头一族"

"低头一族"的症状

- 因手机没有信号或信号减弱而烦躁不安
- 常常觉得手机在响，拿出手机看却并没有什么信息
- 手机不在服务区会坐立不安
- 睡觉也要开手机
- 经常看手机是否自动关机

2. "低头一族"对手机的依赖程度

智能手机悄悄地改变了我们的生活，成了每个"低头一族"的"伴侣"，无论是吃饭、上课、走路，还是聚会、坐公交车，甚至是上厕所，"低头一族"都是手机不离手。无论是中学生还是成年人，低头看手机几乎占用了所有的闲暇时间，下面的数据来自智联招聘网。

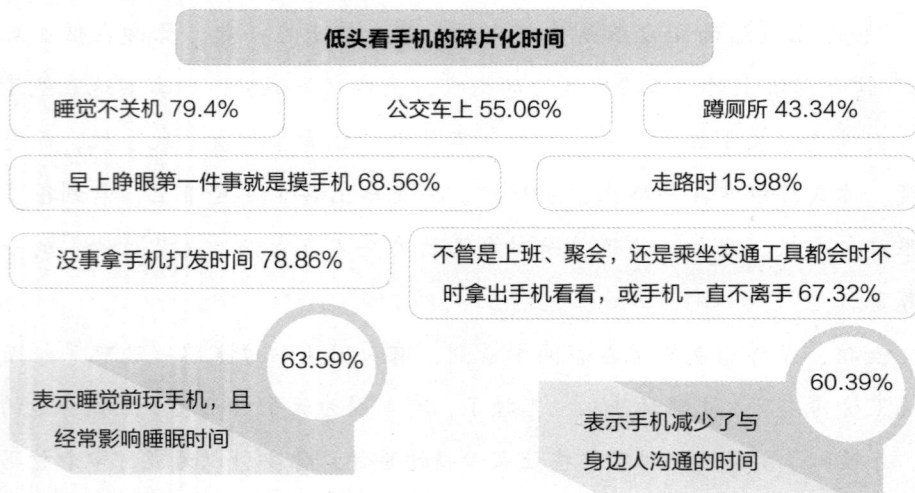

低头看手机的碎片化时间

睡觉不关机 79.4%	公交车上 55.06%	蹲厕所 43.34%

早上睁眼第一件事就是摸手机 68.56%	走路时 15.98%

没事拿手机打发时间 78.86%

不管是上班、聚会，还是乘坐交通工具都会时不时拿出手机看看，或手机一直不离手 67.32%

63.59%
表示睡觉前玩手机，且经常影响睡眠时间

60.39%
表示手机减少了与身边人沟通的时间

3. 手机"低头一族"存在的危害

女孩，你知道吗？长时间低头玩手机，不仅影响视力、损伤颈椎，还会造成社交障碍、心理障碍、情感淡漠等，甚至会危及人身安全。调查数据表明：40%的交通事故与低头看手机有关。在这些人当中有11%的人在听音乐，7%的人在发信息，8%的人在打电话，这是一件值得令人警惕的事情。下面一张图可以告诉你，"低头一族"存在的危害。

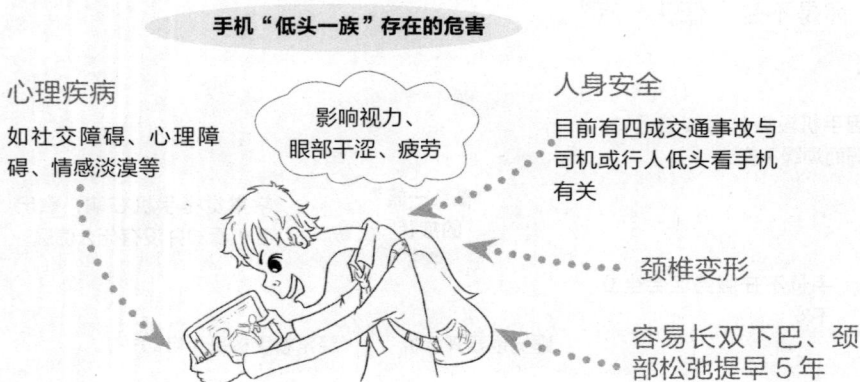

手机"低头一族"存在的危害

心理疾病
如社交障碍、心理障碍、情感淡漠等

影响视力、眼部干涩、疲劳

人身安全
目前有四成交通事故与司机或行人低头看手机有关

颈椎变形

容易长双下巴、颈部松弛提早5年

4. 如何让"低头一族"抬起头来，让手机回归"工具"的角色

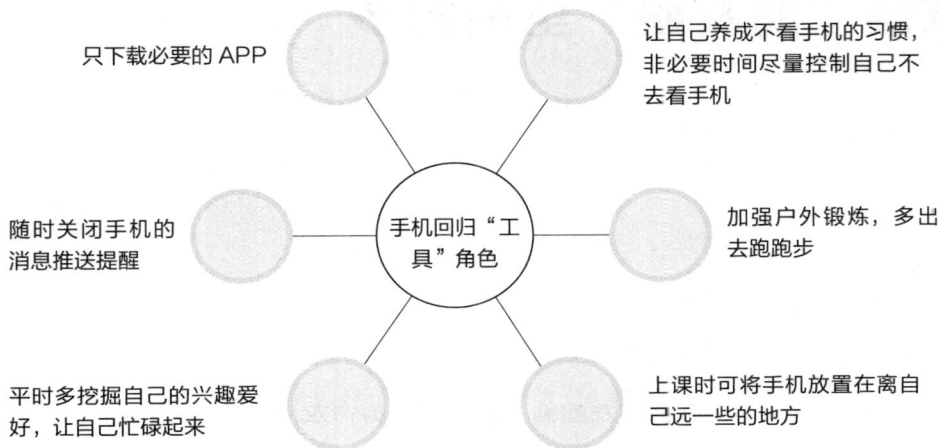

只下载必要的 APP

让自己养成不看手机的习惯，非必要时间尽量控制自己不去看手机

随时关闭手机的消息推送提醒

手机回归"工具"角色

加强户外锻炼，多出去跑跑步

平时多挖掘自己的兴趣爱好，让自己忙碌起来

上课时可将手机放置在离自己远一些的地方

妈妈说给 @青春期女孩的话

女儿，你知道吗？妈妈不想你在最美好的年纪把时间浪费在手机上，屏幕之外还有更精彩的世界等你去发现。

生活从来不缺乏精彩，但是需要你放下手机，抬起头，自己去寻找；公园的花开得正艳、路边的小草冒出了嫩芽、蓝天白云对着你微笑，这些美景，只需你抬起头就会发现。学会抬头，听听鸟儿的歌唱，要比 QQ 中的"嘀嘀嘀"动听多了，不是吗？

女儿，无论做什么事都要适度。如果你连手机都不能控制，如何控制自己的人生？世界如此美好，你却一直在低头看屏幕；朋友如此珍贵，你却拒绝沟通，这样只会错过很多美好的东西。你要知道，手机只是一种便于你与外界联系的工具而已，是你在玩手机，千万不要成了手机"玩"你。

微信"朋友圈"里陷阱多

人物	明泽
性格	活泼开朗、助人为乐
苦恼	微信朋友圈骗子多，恨不得有双火眼金睛
事件	扫描二维码，差点上当

※ 糟糕，我上当了

明泽是初中二年级的学生，班上的同学基本都有手机、都玩微信，而且班级还建了一个微信群，大家时不时在里面聊聊天，有几个本来没有手机的同学为了合群，也都买了手机。

一天，明泽收到同学发给她的一张图片，上面写着扫描二维码关注就可以免费领取 50 元手机话费。明泽很心动，于是，她想都没想就按照上面说的扫描关注了一个名叫"聚划算"的微信号，并按照要求群发了图片，还提供了自己的手机号码。本以为这样就可以领取话费了，可是对方说要关注 15 天才会发放，明泽也没多想。

周日早上，明泽刚刚开机就看到手机上有爸爸、妈妈、舅舅……好几十个未接电话。明泽回拨了妈妈的电话，电话那边妈妈听到女儿的声音急忙问道："你没出事啊？你们班主任打电话说你出车祸了，让我们拿 10 万元给你救急……"

明泽突然想起自己前几天扫描二维码的事。原来，扫描二维码是为了获取扫描人手机内的信息，然后骗取钱财。她给妈妈解释了一番，恍然明白贪小便宜会吃大亏……

专家解读

网络日益发展，微信渐渐地被人们称为"危信"，这是因为"朋友圈""摇一摇""扫一扫"中混入了不少骗子，他们悄悄地设下一个个骗局，别说涉世未深的女孩难以识别，就是社会经验丰富的成年人也有不慎落入骗子圈套的时候。

我们知道现在的骗子都很厉害，各种骗术花样百出，诈骗广告、中奖信息等，让人防不胜防。对于缺乏社会经验、心思单纯、防范意识不强、警惕性不高且好奇心较强的青春期女孩来说，她们容易被各种骗术迷惑，甚至失去判断力和是非观。

面对"朋友圈"里的各种陷阱，女孩应该多加留心，不要被别人的花言巧语所迷惑，千万不要怀着"天上掉馅饼"的美梦，以免自己上当受骗。现实中有很多真实的案例，无论骗子手段多荒诞，偏偏就有女孩心甘情愿上当。至于这种事频发的原因，归根结底就是这些女孩以为天上掉的馅饼砸到自己了，自己被"幸运女神"眷顾了。她们麻痹自己的同时也就落进了骗子的圈套，接下来往往会做出一系列错误的决定。

女孩，有这种心理不足为奇，但我们一定要明白天上不会掉馅饼，更没有不劳而获的"好事"。那些突然降临的便宜，很可能只是一个陷阱，你越是被它吸引，上当受骗的概率就越大，所以贪小便宜的事情千万不可做。

延伸阅读

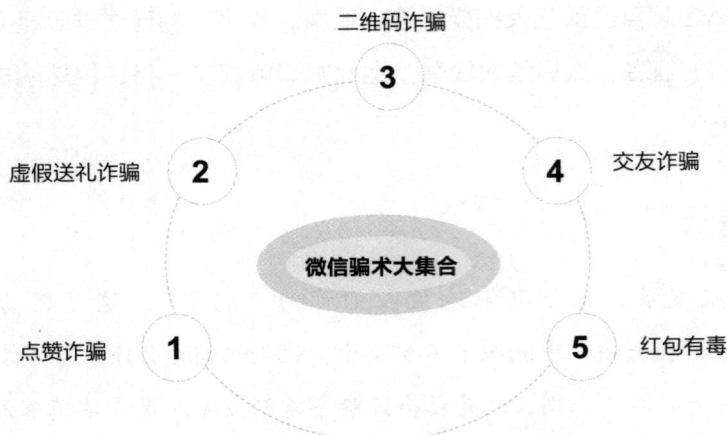

二维码诈骗
3

虚假送礼诈骗 **2**

4 交友诈骗

微信骗术大集合

点赞诈骗 **1**

5 红包有毒

妈妈说给
@青春期女孩的话

女儿，现在微信"朋友圈"里陷阱很多，骗局也各种各样，妈妈担心你因太过单纯、善良而被骗。其实有些骗局破绽百出，骗子之所以能得逞，无外乎是利用人们爱贪小便宜的心理。

很多骗术都存在一些漏洞，只要我们稍加分析和推理，就会发现很多破绽。妈妈在这里教你一些识别骗术的方法：第一，苦肉计识别法，我们不要同情那些故意表现出不幸的人，如有些人在朋友圈内发众筹，假装不幸以博取同情；第二，表情洞察法，有些骗子的演技很拙劣，仔细观察他们的表情，一旦发现他们表情不自然就果断拒绝。

最后，妈妈想说，看朋友圈一定要擦亮眼睛，要仔细鉴别，不要让那些所谓的"小便宜"蒙蔽了双眼而丧失理智。

网络游戏层出不穷，玩时要当心

人物	艺芯
性格	活泼爱笑
困扰	迷恋上 QQ 文字宫斗游戏，上课总想着玩手机
事件	深深陷入宫斗游戏中无法自拔

✳ 深陷"宫廷生活"之中

刚上初二的艺芯迷上了宫斗剧，对宫廷故事和宫廷生活充满了好奇。一天，在浏览网页时，艺芯看到了一篇社区论坛的帖子——文字版清宫戏的宣传帖，于是毫不犹豫地加入了帖子里提到的 QQ 群。

别看这个群里只有五六十人，但"后宫"里的各色人等一应俱全，他们分工明确，各司其职，从称呼、请安、阶级品位到从属关系、侍寝制度、奖惩规则、殿试制度等都做了严格的规定。

看到这些，艺芯对这个群更加感兴趣了，每天上线都要向"皇上""皇后"请安，跟着"先生"学习诗词歌赋，陪着"世子"游园吟诗作对。群里大部分人都是初中生，以女生居多，毕竟宫斗是宫内女子之间的互相较量，男生的职位除了"太监""侍卫"外，就是"皇子"，没有提升空间，勾心斗角比较少，玩着玩着就感觉没意思了。

艺芯的语文成绩很好，文学素养较高，平时很少在群里斗来斗去，偶尔语出惊人，于是从"秀女"越过"才人"直接晋升为"妃嫔"。这让她更加离不开手机，无论在哪里都要拿出手机看群里的消息。

艺芯想，虽然这个游戏让她的文章更加有文采，但时时刻刻想要看手机的习惯很不好。尤其是最近她感觉视力有所下降，但她非常喜欢玩这个网络游戏，不知道该怎样控制自己，她很苦恼。

专家解读

现在，种类繁多的网络游戏充斥着人们的生活。许多小学生、中学生天天拿着手机低头玩游戏，最近特别火的网游《王者荣耀》更是让很多人机不离手。

网络游戏给青少年带来的危害特别严重，沉溺于网络游戏无异于自毁前程。为什么现在的孩子那么爱玩游戏呢？有个青春期的女孩告诉我："在游戏里你可以经历精彩的人生。现实生活中不能体验的，在游戏中都可以体验。在游戏中，你可以体验不同的角色、不同的人生，感受胜利与失败、得意与失意。"像艺芯玩的这种文字游戏，小玩怡情，大玩伤身。难道生活中除了游戏就没有其他有意义的事可做了吗？显然是有些青少年感觉生活过得太乏味才要到网络游戏中寻求刺激，这其实是他们心灵空虚的表现。

女孩，不要让游戏害了你，更不要对网络游戏上瘾，一旦上瘾就很难戒除。不过，如果被强行阻止玩游戏，女孩可能会出现情绪低落、思维迟缓、记忆力减退及食欲不振等情况，所以父母还需要耐心地劝导，让其慢慢认清过度玩游戏的危害。

我们在新闻中常看到一些孩子沉迷于网络无法自拔。女孩，你知道吗？网瘾不仅对身体有直接伤害，还会让你变得不善交际、做事极端、情绪波动大。我们知道在网络游戏的虚拟世界里，不需要面对现实中的挫折，可以随心所欲地宣泄情绪。但现在很多网游都不利于身心健康，长期玩下去，容易被游戏麻痹，最终不仅会对自己造成伤害，也会伤了家人。所以，女孩，千万不要沉迷网络游戏，让自己堕落下去。

延伸阅读

19 岁 及 以 下，
占比 17%

各年龄段玩网络游戏的占比情况

50 岁及以上，
占比 3%

20~29 岁，占
比 46%

30~39 岁，占
比 27%

40~49 岁，占
比 7%

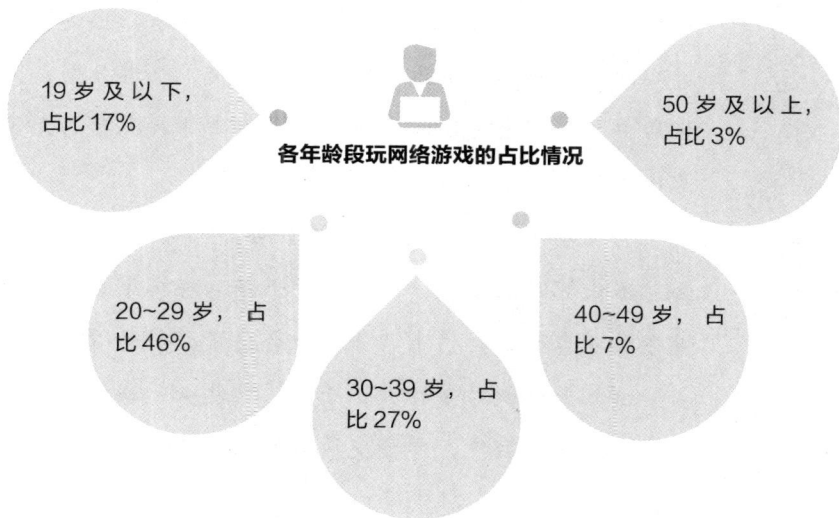

玩游戏时往往会进入停不下来的状态！

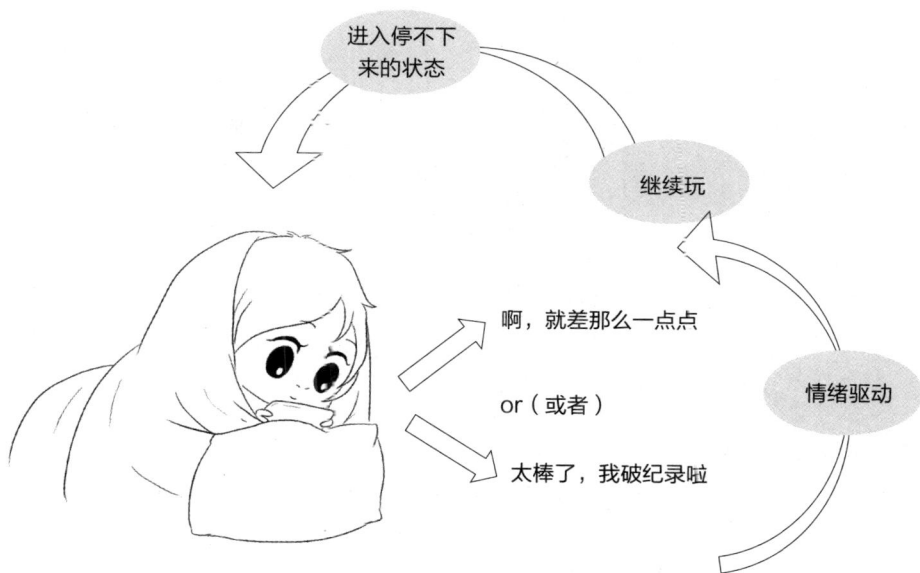

进入停不下
来的状态

继续玩

啊，就差那么一点点

or（或者）

太棒了，我破纪录啦

情绪驱动

妈妈说给
@青春期女孩的话

　　女儿，妈妈希望你在青春期最好的时光中做些有意义的事，不要把大好的时光浪费在网络游戏中。痴迷于网络游戏的人，一部分是为了在网络中交友，一部分则是因为生活中的郁闷无处发泄，所以在网络中寻找慰藉。无论你是出于哪种原因，都不该沉迷于网络游戏。

　　作为中学生，你最主要的任务是学习知识和接触社会，不该把时间放在一个虚幻的世界。在那个虚无缥缈的世界展现自己，会伤害身体，还会伤了妈妈的心。

　　女儿，妈妈希望你放下手机，抬起头，昂首挺胸地向前看，活在现实中，学会发展兴趣，发现生活中的美，做现实世界中的强者。

远离黄毒，不让自己掉入深渊

青春期
小档案

人物	露兮
性格	内向、善良
苦恼	迷恋上了色情小说，好像染了毒瘾一般，总是忍不住看
事件	晚上总是偷看色情小说

❋ 心中不可说的秘密

晚上 11 点，露兮等爸爸妈妈都睡着后，再次将电脑打开，她曾无数次提醒自己，这是最后一次了，但最终还是被心底的欲望打败，她总是忍不住浏览那些不健康的网站，还看一些色情小说。

看到某些敏感的地方，露兮会面红耳赤、心跳加快，一方面是心理上受到了刺激，另一方面是怕爸爸妈妈突然开门进来。

半个小时后，露兮深吸一口气，合上了电脑，心中满是懊悔。明明知道这种东西不应该看，但她就是忍不住，她觉得自己成了那种放纵自己的坏女生。

这种偷看色情小说的日子持续了两个多月，露兮发现自己上课时越来越不能集中精力听讲。在和男同学说话时，她会突然觉得不好意思，就连女同学找她聊天，她也提不起精神，整天一副做了什么亏心事的样子。

这天，露兮无精打采地回到家。她和妈妈打了个招呼后就进了自己房间，一进门，发现自己的电脑变样了。以前她用的是笔记本，现在却换成了台式机。

她刚想去问爸爸妈妈是怎么回事，就看到妈妈走进她房间。妈妈坐在她床边笑着对她说道："你的电脑是妈妈换的，女儿，你长大了，任何事情都可以和妈妈说，不要因为无知而做了傻事。"

"妈妈……"露兮的脸霎时变得通红，她隐约觉得妈妈知道了什么。

专家解读

青春期女孩渴望学习知识、了解社会，这原本是件好事，但青春期女孩毕竟还不够成熟，缺乏对不良事物的分辨能力和抵制能力。

青春期的女孩开始萌发性欲，但她们分不清爱情与色情、高尚与庸俗、合法与非法的界限，自控能力弱。那些色情小说过于虚幻，长期看下去，会消磨人的意志，会对身心造成无法弥补的伤害。

所以，身处青春期的女孩应该远离色情小说。这些小说会让人想入非非、精神萎靡、无心学习，并导致世界观、人生观发生偏差。女孩要拥有正确的性观念，对于好奇的知识可以跟父母、老师交流，或从健康的书籍中寻找答案。从现在起，坚决抵制不健康的网站和读物，为自己的计算机安装必要的防护软件，防止黄毒侵入，远离"黄色污染"，为自己营造一个阳光明媚的成长空间。

延伸阅读

未成年人首次触网年龄段百分比

首次触网最集中年龄段由15岁降到了10岁，占46.8%

据调查，18~35岁青年首次触网平均年龄为13岁左右

最低触网年龄3岁以下的占1.1%

据调查，有些青少年初次触网平均年龄为7.5岁

哪些信息不适宜未成年人接触

可能诱导未成年人实施暴力、欺凌、自杀、自残、性接触、流浪、乞讨等不良行为的信息

可能诱导未成年人吸烟饮酒的信息

可能诱导未成年人产生厌学、愤世、自卑、恐惧、抑郁等不良情绪的信息

其他可能对未成年人身心健康产生不良影响的信息

妈妈说给
@ 青春期女孩的话

　　女儿，在你这个年纪对爱情和性感到新奇也没有什么过错，只是你还小，正处于青春懵懂期，没有足够的阅历分清什么是现实什么是虚幻。你要知道，小说情节都是虚构的，它绝不是对现实生活的真实描摹。或许，我们可以从小说中看到我们的影子，但这并不代表生活就是小说。相比普通小说，那些不健康的色情小说更加虚幻。

　　在青春年少时，人生到处都是十字路口，选对了路，你会获得积极向上的力量；选错了路，你会变得萎靡不振或从此颓废。什么能带给你积极向上的力量，我想你自己应该能够感觉到，如果你不能，你可以与家长、老师和同学共同探讨。只有你自己不断进步，大家才会对你报以赞许的目光，才愿意和你相处。

　　女儿，希望你能明白，成长是按部就班的，随着年龄的增长，该来的总会来，该有的体验也总会有。既然你现在是含苞待放的花骨朵，就给足它养分，让它慢慢绽放吧，不要急着将还未吐露芬芳的花蕾摘下。

第六章
给需要保护的你

女孩的安全问题越来越受到家长、学校和社会的广泛关注。校园欺凌、寻衅滋事、尾随、黑车等一系列安全问题，都需要引起女孩的高度重视。相比校园这座象牙塔，社会才是真正的大熔炉，在社会中经历一些事情，你才能得到真正的历练。

作为女孩，我们要勇敢面对真实的社会，并学会在社会生活中保护自己，提高自我保护意识，从而让自己更好、更快地得到成长。

校园欺凌大胆说出来

青春期
小档案

人物	凝秋
性格	善良胆小、内向腼腆
困扰	为什么同学们都喜欢欺负弱小的人
事件	我与班里的"受气包"成了好朋友

※ 我和班里的"受气包"成了好朋友

我们班有一个女生，瘦瘦小小的，在班里经常被欺负。有些女生会在言语上侮辱她，甚至还会打她。有一次，有几个女生从她旁边经过，一个女生故意找碴，指着她对另外几个人说："都过来闻一下，她是不是很臭？我们把她的头花摘下来吧！"然后她们把她按在桌子上，强行把她头上的头花摘下来，拿着头花就跑了。那个女生低着头坐在座位上，她的头发油油的，或许有几天没洗了，她红着眼睛一句话都说不出来，全班同学都在笑。

好多女生都不理她，有时她向同桌请教作业，同桌也是离她远远的，装作没听见。偶尔还会有些女生编一些所谓的八卦来嘲笑她，比如她家特别穷、她父母每天都会打她等，还给她起一些难听的外号。刚开始她还辩解，后来发现根本没人理会，便不再解释了。

有一次，班上的女生做得特别过分，她们往水桶里放入半桶脏水，然后放在门上，门只留一条小缝，那女生进来时没有留意，水桶直接砸在她头上，她全身洒满了脏水，全班同学都在哈哈大笑。上课铃响了，老师走进来，她向老师打报告，但老师的回答让我很吃惊："为什么大家只欺负你不欺负别人呢？"想必当时她是绝望的。她妈妈来学校接她的时候，有女生告诉她妈妈她经常被欺负，她妈妈去找老师反映情况，但老师每次都是敷衍了事。

她就一直被欺负着，或许是长期的孤独和压抑让她形成了一种轻微的讨好型人格，只要别人给她一点温暖，她就想要回报别人。美术课上有人借她一块橡皮，第二天她会拿很多自己收藏的小礼物送人。有一次放学我和她聊了一会儿，等妈妈骑着车子接我回家时，她甚至跟在后面一路小跑要和我说话，最后妈妈没办法，对她说："你别跑啦，快回家吧。"她还笑得特别开心。那种场景现在想起来还让人觉得很心酸。

从那次聊天后，我在心里把她当朋友，课间时，她会冲着我微笑，我也会给她一个微笑。虽然她还是在那个角落坐着，平时也没有多少人和她说话，但从她的微笑中我能看出她的内心不再惶恐，至少有我把她真心当朋友。

专家解读

校园是一个承载欢乐和记忆的地方，然而，孩子们的世界有时并不单纯。有段话这样描述孩子们之间的伤害："孩子之所以是孩子，不仅因为他们没有自我保护能力，还因为他们对作恶毫无自控能力。你不告诉他那是恶，他能把别人逼死。你不告诉他要反抗，他能被别人逼死。"事实远比想象可怕，作为家长，往往不明白孩子在学校经历了什么，而作为孩子尤其是女孩子，在受到伤害或无法承担与自身年龄相符的事情时，不妨大胆说出来。

女孩心理素质普遍比较脆弱，她们遇事往往不冷静，加上独生子女的娇生惯养，容易形成唯我独尊、争强好胜的性格，在与同学的相处中容易以自我为中心。如果孩子能从父母身上体会到爱，获得安全感，就能在很大程度上把校园欺凌的行为消灭在萌芽状态。即使不幸发生校园欺凌，家长如能根据情况适时出面与学校理性沟通，也有助于孩子尽快走出校园欺凌的阴影。

延伸阅读

1. 你遇见校园欺凌了吗

校园欺凌是发生在学生之间，蓄意或恶意通过肢体、语言等手段，实施欺负、侮辱而对他人造成伤害的行为。

校园欺凌行为的具体形式

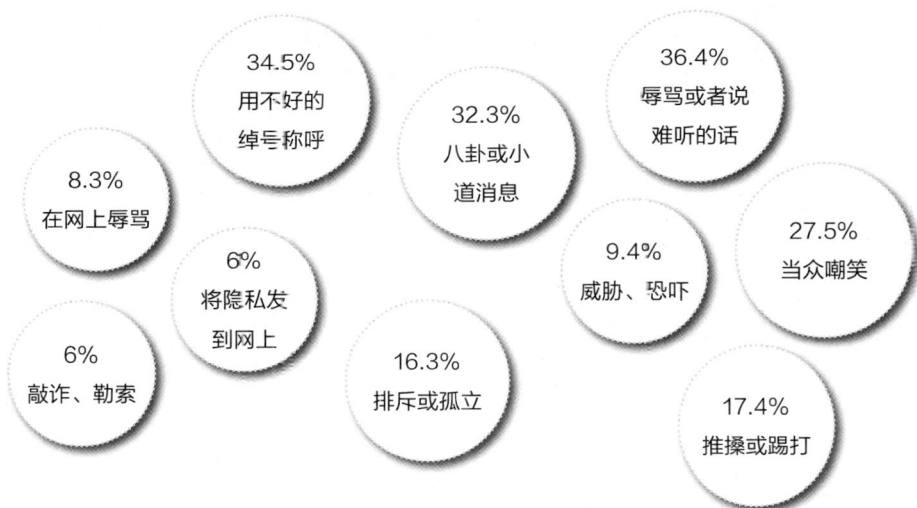

- 34.5% 用不好的绰号称呼
- 32.3% 八卦或小道消息
- 36.4% 辱骂或者说难听的话
- 8.3% 在网上辱骂
- 6% 将隐私发到网上
- 9.4% 威胁、恐吓
- 27.5% 当众嘲笑
- 6% 敲诈、勒索
- 16.3% 排斥或孤立
- 17.4% 推搡或踢打

2. 预防校园欺凌，孩子、家长应当怎样做

孩子

1. 保持镇定，采取迂回战术，尽可能拖延时间，争取求救机会
2. 求救，必要时可采用异常动作引起周围人注意
3. 一定要告诉家长，不要独自承担身体和心理上的创伤

家长

1. 稳定情绪，无条件地陪伴孩子，给他安全感
2. 注意孩子的行为和心理，及时与孩子沟通
3. 第一时间与学校沟通，拿起法律武器保护孩子

妈妈说给
@青春期女孩的话

　　女儿，妈妈深感忧虑，我既担心你跟随同学成为冷漠的施暴者，又担心你成为被别人欺凌的对象。

　　校园欺凌不是开玩笑，女儿，如果你在学校被欺负了，请勇敢地说给爸爸妈妈听。爸爸妈妈比谁都心疼你，如果你很伤心，想哭就哭吧，这些事情会过去的，一切都会好起来，父母永远都是你坚强的后盾。

　　成长的道路上没有人会一帆风顺，在学会尊重他人的同时，也要学会保护自己，维护自己宝贵的尊严。

面对寻衅滋事不可凑热闹

人物	嘉瑞
性格	活泼好动、爽朗
困扰	朋友有困难，不帮忙合适吗
事件	为了朋友两肋插刀

※ 讲义气，难道不是好事吗？

嘉瑞是一名初中女生，她生性活泼好动，打扮也很男性化。因为她颇为"豪爽"，所以结交了很多好朋友，就连一些平时爱打架的男生也成了她的好朋友。

平日里好朋友们经常一起玩，有什么好东西也一起分享。这天，有几个和嘉瑞关系不错的男生说一起聚餐，他们几个就聚到了学校旁边的大排档。嘉瑞和他们聊得热火朝天，没有注意到他们的声音已影响到了别人。

邻桌一男孩走过来生气地冲着他们说："你们能不能小点儿声！"嘉瑞的好哥们孙阳一听便来气了，站起来对着他说了一句："你再说一次试试！"对方又说了一遍。孙阳拿起酒瓶朝着对方的头砸了过去，对方其他人也过来了，要打孙阳。嘉瑞上前阻拦，被推到了一边，大块头李佳见状立刻拿起身边的塑料椅子朝他们砸了过去。

过了几分钟，对方又叫来了几个人，把嘉瑞他们围住了。孙阳非常生气，拿起桌上的铁三脚架砸向已经头破血流的那个人，那人一下子就晕了过去。

其他人见状都冲上来，双方扭打在一起。嘉瑞和几个女生没力气，也没见过这种架势，吓得呆住了。不过嘉瑞虽然害怕，但她觉得"哥们儿义气"更重要，此时不出手，事后他们肯定不会再拿她当朋友，于是拼命凑上去，又抓又挠，自己的脸上也挂了彩。

大排档的老板见状，报了警。一听警察要来，大家立刻四散逃开。嘉瑞他们几个互相看看，大家都挂了彩。回家后，嘉瑞怕被妈妈看到，用衣服遮挡着脸，后来还是被妈妈看到了。妈妈得知事情的经过后说："一个女孩干吗要打架？有什么话不能好好说。"嘉瑞说："朋友被打，我肯定要帮忙。"在嘉瑞心里，朋友义气最重要。可当妈妈问："假如你被警察抓走，你的朋友真的会去救你吗？到时候你在监狱里面，你想过你的朋友在哪里吗？"面对妈妈的质问，嘉瑞低下头陷入了沉思。

专家解读

青春期是女孩自我意识形成的时期，此时的她们缺乏独立判断的能力，有严重的从众心理。她们渴望得到朋友的认同，于是经常会把"义气"挂在嘴边，其实她们并不懂得什么才是真正的"朋友义气"。或许在她们看来，帮朋友出头、解决问题，就是肝胆相照，就是讲"义气"的表现。其实不然，我们做事要有原则。当朋友遇到困难时，讲"义气"是对的，但不能盲目。清醒、理智地面对朋友的困难，合法给予朋友最大帮助才是值得倡导的。如果黑白不分，为了朋友的一己私利而讲所谓的"义气"，那么这种"义气"就变成了"傻气"。

作为女孩我们不去惹事，也不要去凑热闹。我们有时会看到同学打群架，为了保证自身安全，避免受到伤害，在遇到各种寻衅滋事时，要远离现场，然后找身边的大人帮忙或报警解决这种事。

延伸阅读

不要抱有看热闹的心理，作为女孩，应当洁身自好，远离暴力

面对寻衅滋事，女孩该怎么办

正确对待自己的好奇心。俗话说"好奇害死猫"，我们不要对什么事情都怀有强烈的好奇心，否则，容易让自己受到伤害

妈妈说给
@青春期女孩的话

女儿，或许你还不太理解寻衅滋事的含义，寻衅滋事是指斗殴、挑衅、骚扰他人或者毁坏公众财物、起哄闹事等行为。这种场面很难控制，当你遇到时，妈妈希望你不要驻足观看，而要快速离开。

因为一旦闹事者情绪被激起，可能会对周围的人实施侵害行为。若性质比较恶劣，警方会来处理，此时，围观的人极易成为闹事者的"人质"。此外，寻衅滋事是一种犯罪行为，会对社会法制秩序造成破坏，若不加以制止，后果不堪设想。面对各种寻衅滋事，我们应当及时报警，主动远离，不去凑热闹。

路遇尾随、抢劫，要学会智取

青春期
小档案

人物	韵含
性格	活泼、机灵
困扰	有人尾随，该怎么办
事件	放学回家路上被人跟踪

※ "恶魔"在身边

下午放学后，身为班干部的韵含因为帮老师做事，很晚才从学校出来。此时，天色已经暗下来，韵含一个人背着书包向家的方向走着，由于她的家离学校并不远，所以她没有骑自行车。

路边的一些小店打开了五颜六色的彩灯，韵含觉得很漂亮，一路边走边看。有的小店还放着好听的音乐，她还会不时地停下脚步听一听，丝毫没注意时间。

从学校到家，韵含需要经过一条巷子，巷子的路灯坏了，她只能在漆黑的小巷中前行。走到半路时，韵含突然感觉身后有人跟着她。她走，那人也走，她停下，那人似乎也停下了脚步。韵含迫使自己冷静下来，假装并没有在意身后是否有人跟踪，并有意识地加快步伐，但她感到身后的步伐也明显快了很多。

韵含吓得满身大汗，快速地奔跑起来，她边跑边大声地喊道："爸爸，我回来了！"回到家的韵含觉得背后一阵阵发凉，她从没想到这种事情会发生在自己身上，是自己疏忽大意了。原来"恶魔"并非只出现在新闻中，还会出现在我们的身边。

专家解读

处于青春期的女孩看到韵含的经历想必都很害怕，担心自己被人跟踪，但也不能天天让爸妈接送，真是不知该如何是好。

现今社会很复杂，很多坏人都把目光盯到了反抗能力弱、自我保护能力差的女孩身上，这让很多女孩心有余悸。试想一下，如果你是韵含，你会怎样做？是吓得哇哇大哭、不知所措，还是想办法巧妙应对？女孩，你们要意识到父母不能时时刻刻陪在你们身边，社会很危险，你们一定要努力提升自己的自我保护意识和自我保护能力，这样才能让家人放心。

一般来说，很多"恶魔"会把落单的女孩作为目标。青春期的女孩，因为体力、心智方面都不太成熟，反抗能力差，很容易成为他们的目标。所以，在上下学或出门时，女孩千万不要单独出行，最好找一些朋友做伴，这样可最大限度地避免遭到"恶魔"的跟踪。

此外，现在的"恶魔"身上不会明显地写着"我是坏人"等字眼，他们往往表现得非常友好、富有善意，他们可能会装作路人向你问路、问时间等，以此接近你，并把你当作他们眼中的"猎物"，伺机下手。此时你一定要心怀警惕，加强防范意识。

延伸阅读

用智慧与不法之徒周旋，可以假装很听话，让对方放松警惕，然后寻找合适的机会逃跑

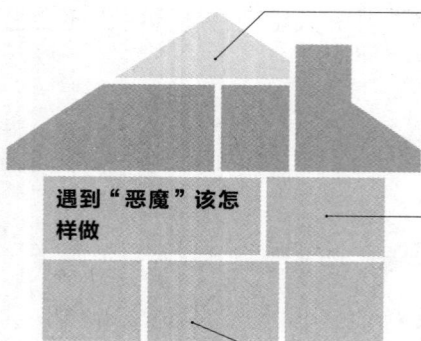

遇到"恶魔"该怎样做

永远把保命放在首位，当与"恶魔"正面交锋时，可以先满足他的要求，然后想办法逃离，一定要记住其特征，随后立刻报案

预防其实更重要，出门尽量不要穿着暴露；若遇到抢钱时，记得把钱包丢得远远的，然后趁机逃跑

妈妈说给
@ 青春期女孩的话

女儿，我们往往不能通过外表来辨别一个人的好坏，但一定要提高防范意识，加强自我保护能力，这样才能更好地保护自己。

女儿，如果你感到有人跟踪你，不要惊慌失措，要迅速观察周边环境，看看哪里人多、哪里道路畅通等；假如遇到了坏人，你可以厉声喝问："你要干什么？"如果对方没有被吓跑，那么你就立即跑开，或者大声呼救，引来行人的注意；如果不幸被坏人纠缠住，你除了高声呼喊，还要根据情况进行适当的反抗，如击打其要害部位，或者抓其面部……

女儿，爸爸妈妈不能时刻陪着你，你现在长大了，要提高防范意识，学会保护自己，这样在离开我们的"保护罩"之后，依然能照顾好自己。

花花世界的娱乐场所，禁止入内

青春期
小档案

人物	宸钰
性格	善良、冲动
困扰	一直想去酒吧看看，可是妈妈很反感，就是不让去
事件	好朋友带我去酒吧，却发生了一件令人痛心的事

✳ 最后悔的一天

这天，宸钰校外的朋友文杰邀她去酒吧玩，说要带她开开眼界。宸钰之前总是在电视剧中看到那灯红酒绿的情景，却从没有亲身经历过，她十分好奇，所以很兴奋地答应了。

宸钰和文杰一起走进酒吧，文杰给宸钰介绍了两个她在歌厅认识的比较成熟的男孩，宸钰对他们没有任何防备之心，觉得文杰能在歌厅认识男孩很神奇。之后文杰和那两个男孩去另一个吧台玩，把宸钰单独留在了前面的吧台上。正当宸钰一个人无聊地环顾四周时，一个长相帅气的大男孩走到她身边，递给她一个杯子，说是请她喝饮料。单纯的宸钰很高兴能有这么出色的男生请她喝饮料，她什么都没想就喝下去了。但是两三分钟后，宸钰便感到一阵眩晕，还没来得及找文杰就晕过去了。等宸钰醒过来的时候，她看到自己一丝不挂地躺在宾馆的床上，旁边睡着那个请她喝饮料的帅哥。她大脑一片空白，头还隐隐作痛。

宸钰很后悔，为什么要喝陌生人的饮料？为什么要跟着文杰去酒吧？为什么……为什么……为什么……如果不去酒吧，如果不喝饮料，自己也不会落到这步田地。

专家解读

很多青春期的女孩对于爸妈不让她们去KTV或酒吧感到十分困惑，她们不明白为什么自己已经长大了，能自己照顾自己了，却还是不能去充满刺激的娱乐场所玩耍。

爱玩是天性，女孩爱玩的心思虽然没有男孩重，但一进入青春期，原本乖巧的内心也会开始蠢蠢欲动，叛逆的心理再加上天生的好奇心，让她们对酒吧之类的娱乐场所充满了期待和向往。每每看到偶像剧中的酒吧及在酒吧驻唱的歌手时，她们就会对酒吧心生向往。

女孩，你不知道，娱乐场所虽然看起来很有吸引力，却充满了未知的危险。事实上，像宸钰的这种经历每天都有可能在发生。社会中有很多复杂的人，他们往往喜欢在娱乐场所骗涉世未深的女孩，然后寻找时机下手。所以，女孩你尽量不要去这些地方，即使去了也不要随意与陌生人搭讪。

延伸阅读

不要让自己独处
若被朋友邀请去酒吧等娱乐场所，尽量与同伴在一起，不要落单

注意衣着装扮
前往娱乐场所尽量不要穿着暴露，不然会引起别人的误解

前往娱乐场所，该如何保护自己

不要与陌生人搭讪
娱乐场所鱼龙混杂，并不是每个人都心存善念，需时刻保持警惕

妈妈说给
@青春期女孩的话

　　女儿，你不要嫌妈妈唠叨，妈妈的担心并不是多余的。娱乐场所一直都是是非之地，它绚丽的灯光和劲爆的音乐，确实令人感到好奇。但你再看看出入娱乐场所的人，他们个个穿着光鲜亮丽，打扮时尚，给人一种视觉与心理上的冲击。如果意志不够坚定，很容易陷入危险境地。你要知道，在酒吧里喝醉的女孩很危险，对于单纯的她们来说，娱乐场所绚丽的外表下，是一片深深的沼泽，可是她们全然不知。

　　所以，一个洁身自好的女孩，不要因为好奇和寻求刺激而前往娱乐场所。只要经受住诱惑，就不会将自己置于危险的境地。不要认为朋友的邀请不好意思推辞，你可以主动劝你的朋友不要去那种场合。生活中的色彩有很多，我们没必要将自己的青春浪费在那些灯红酒绿的地方。公园、游乐场也是不错的消遣地，这些地方不仅好玩，还能让你远离危险。你还可以做一些有意义的事，如看书、画画，这样可以开发自己的兴趣爱好，从而让自己的生活更充实。

出租车、黑车、网约车需留心

人物	伊晨
性格	乐观开朗
困扰	骗子到处都有，小心为上
事件	乘出租车被找了假钱

✳ 乘出租车都会被骗？

　　伊晨在县城上寄宿学校，每个月回家一次。她每次回家都会搭乘公交车，下了公交车后，如果背的包很沉，就会选择乘出租车回家。

　　这天，伊晨放学有点晚，她好不容易才打到一辆出租车。一上车，伊晨先是闭着眼睛休息了一会儿，可是等她再睁开眼睛的时候，却发现车子行进的方向似乎并不是家的方向。她连忙向司机询问，司机却说走的是一条新路，更近一些。

　　伊晨没有多想，当她打开手机看定位时，发现出租车已经偏离了家的方向，于是伊晨要求司机停车，但出租车司机并没有停车，还面带笑容地说马上就到了，然后兜了一圈才走上了回家的路。下车时，伊晨给了司机一张50元，司机却说她这张钱太旧了，让她换一张。伊晨说自己身上就剩这50元了，司机无奈地找25元给伊晨。下车后伊晨去超市买水，从兜里拿出一张司机找的20元，却被拒收了，收银人员说是假钱，这让伊晨非常尴尬。

　　伊晨深吸一口气，拖着背包回到家。到家后，她直奔自己房间，拿出一张真的 20 元，然后和手上这张假钱对比了下，才发现假钱编号模糊，摸上去滑滑的，这样的事让伊晨很无奈。她把那张假钱塞进钱包里，想要时刻提醒自己吃一堑长一智。

专家解读

女孩，你不要认为自己长大了，就什么事都可以自己去做了。像乘坐出租车、网约车是很普遍的事情，但对于独自坐车的女孩来说，危险系数很高。

出租车、网约车在当下比较流行，它们已逐渐融入人们的日常生活中，成为越来越多人的出行选择。这些交通方式给人们带来方便快捷的同时，也存在着一些不可预测的风险。

不要认为这些生活中的小事无须在意，这些小细节往往不可忽视。那么女孩乘坐出租车或网约车该注意哪些事项，才能将风险降到最低呢？下面总结的这几条一定要牢记。

1. 一定要核对信息

上车之前，先看一下车牌号、司机姓名、联系方式等信息，如果发现车辆有问题，一定要拒绝乘坐。如果乘坐的是网约车，可以用手机将车辆及司机的详细信息截图转发给家人或者朋友，也可通过电话或微信将所乘车辆信息告诉家人。此外，还可以通过微信随时分享实时位置，以确保自身安全。

2. 坐哪儿有讲究

上车后，切记不要坐在副驾驶位置。副驾驶位置距离司机比较近，容易被司机看到隐私。而且副驾驶位置的危险系数一般比司机驾驶座位还高，司机正后方的座位则相对安全，若在行车途中发生意外，还能降低危险系数。

3. 不要和陌生人拼车

网约车有顺风车、专车和快车等类型，而拼车相对便宜些。不过，最好不要跟不相识的人拼车，因为有时那些拼车的人，很可能和司机是一伙的。

4. 随时注意行车路线

上车后，不要做"低头一族"。很多人上车后就自顾自地玩手机、听音乐或者睡觉，这样最不安全。乘车时，要注意观察司机的行车路线，发生异常时要打开车窗大声呼救，为防不测，可通过微信向亲友分享实时位置。

5.遇到危险快速报警

遇到危险时要快速报警求救。如果乘车时遭遇不法分子侵害，首先要保持冷静，尽可能记住对方的体貌特征，并找机会拨打110报警，还可以寻找时机向路人求助。

延伸阅读

随时寻找机会报警，向路人发出求救信号

不要直视对方，要镇定。遇到特殊情况要学会哀求、装可怜，以确保生命安全

乘车遇到劫匪，怎么办

不要吝惜财物，生命安全才是最重要的

妈妈说给
@青春期女孩的话

女儿，虽然你已上中学，有一定的辨别能力，但自我保护意识还不够强，我觉得你有必要掌握一些乘车的安全常识。

单独乘车时，为了保证自己的安全，上车前应当用手机将车牌号拍摄下来发给爸爸妈妈。乘车期间，要时刻与朋友或我们保持联系，不要只顾低头玩手机，要保持手机有电，隔几分钟发一次消息。

如果上车时手机没电了，也要假装与我们联系一下，告诉我们你上车了，大概多久能到。这样可以给司机一些压力，即使对方有不轨之心也不敢轻易行动。

"黑车"不安全，女孩搭乘"黑车"遭遇不测的很多，所以，无论什么情况下都不要抱着侥幸心理去搭乘"黑车"。

第七章

青春期，是你最美的年华

　　爱美之心人皆有之，尤其到了青春期后，随着生理、心理的急剧变化，女孩逐渐开始关注自己的外在形象和他人对自己的看法。很多女孩为了让别人多看自己一眼，开始大胆尝试改变自己，如减肥、穿奇装异服、穿高跟鞋等。

　　女孩，你不知道，青春期是你最美的年华，无须任何装饰。不管你是为了追求个性、张扬自我，还是为了追赶潮流、突破自我，都要明白，只有符合青春期年龄段的装扮才是最美的。

不要太在意别人的看法

人物	文熙
性格	善良
苦恼	最近总是在意别人的目光，是不是太自恋了
事件	总是在意别人的看法而心情不好

※ 总是在意别人的看法

周末，15 岁的文熙洗完头发在洗手间照镜子、吹头发。这时，妈妈进来了，文熙摆弄着镜子说："妈妈，我发现自己洗完头发后格外漂亮，你说是不是？"妈妈笑着说："是啊，是啊！"过了一会儿，文熙从洗手间里出来时，爸爸正好下班回家，文熙便娇气地问："爸爸，你觉得我漂不漂亮？"爸爸笑着说："那还用问？我女儿最漂亮了！"

在学校里，文熙经常问同学："你觉得我漂不漂亮？"有一次，文熙问一位与她关系不是很好的同学，那位同学没有给她面子，回答道："我没发现！"这下文熙可急了，还好她没有做出过激的举动，只是一脸认真而又感到失落的样子，说："做人要诚实，诚实可是我们的传统美德，你怎么可以不说实话呢？"那位同学却没有再理会她。

还有一次，文熙一脸不高兴，只因同桌说她没有某个大学的校花好看。她拿出手机，搜那个校花的图片，一直盯着看，嘴里还不时嘀咕着："哪里有我好看啊，她只是修图技术好一点，又不是天生的，没有可比性！"在文熙心里，非常在意别人的看法，尤其是容貌方面。

一天，文熙回到家里，一脸失落的样子，躺在沙发上不停地叹息："我真的烦死了，为什么我长得这么漂亮呢？烦啊！"妈妈哭笑不得，告诉她："熙熙，你不用太在意别人的看法，自己也不要太自恋咯！"

专家解读

进入青春期后，女孩身体迅速发育，很快出现了成人的相貌特征。这种较为明显的生理变化，既会让女孩迷惑不安，也会让她们不自觉地把精力从外在的客观世界转向主观世界，在思想意识上再一次指向了自我，自我意识出现前所未有的发展和强化。这就是青春期阶段的第二次自我意识的飞跃，也是她们心理发展的标志。

青春期的女孩已经能够正确地认识客观世界，开始有自己的想法，能够了解并考虑别人的感受与想法，但是却很难区分自己注意的焦点是不是别人注意的焦点。于是，在以自我为中心的思维方式下，她们自身经常会关注自己的仪表、相貌、形象，并且认为别人也像自己一样关注。在这种心理下，女孩会凭空制造假想的观众，感觉自己每天生活在一个大舞台上，随时随地都在别人的注目之下，一举一动都会得到别人的评价、审视，或赞扬，或批评，或欣赏，或嘲讽等。更重要的是，从内心深处，女孩非常希望被别人关注、被别人重视，开始在意自己的形象、行为、穿着，并在这上面花费大量的时间和精力。由此看来，女孩在意别人的看法这种心理是青春期心理变化的一种正常反应。

就像文熙，其实别人可能只是为了不打击她而恭维地说了一句"你真漂亮"，甚至可能根本没有看她，但她却认为别人在注意她，觉得她很漂亮。这种自我满足正是青春期女孩自我意识的变化。而有时太在意别人的看法反而会迷失自我，你的存在不是为了取乐别人，而是为了提升自我，找准定位，摆正心态，做一名阳光、开朗的女孩。

延伸阅读

太在意别人的看法，会伤害自己，往往表现为以下两个方面：

- 太在意别人的看法，有时会做出自毁和自虐的行为

- 太在意别人的看法，你会不自觉地限定自己的活动范围

妈妈说给
@青春期女孩的话

女儿，你知道吗？妈妈明显地感觉到你长大了，越来越成熟了。在这美好的青春年华，每个女孩或多或少都会表现自己，开始在意别人对自己的看法。其实，我们只要做好自己就好，无须太在意别人怎样看。每个人有每个人的个性，不可能都会包容你。

当然，适当在意别人的看法也不是坏事，这有助于提高自己各方面的能力，完善自我。但是学会把握好这个度很重要，不要每天追问别人对你的评价，这就像炒菜要放盐一样，盐放少了淡而无味，盐放多了很难入口。

在意别人的看法就是期望得到别人的认同或赞美，但因为这种心理会使你缺少与他人平等相处、沟通的机会，所以会活得很累。妈妈想告诉你的是，在意别人的看法没什么关系，但不要过头，过头就是没有自知之明，往往会惹人讨厌，相信你会明白这个道理的。

最纯最美是少年

人物	竹筠
性格	开朗
苦恼	为什么不能化妆出门呢
事件	化妆出门被小混混调戏

❋ "校花"变成了"笑话"

竹筠从小就爱美，在妈妈的印象中，她小时候出门前都是自己挑选衣服，然后在镜子前照来照去，像个大人似的。竹筠长相甜美，在大家眼中靓丽可人，她还经常被同学称作"校花"。无论她穿什么，走在街上都会引来很多欣赏的目光。

她觉得正是因为这样，自己的穿着打扮才马虎不得。在学校，大家都穿统一的校服，校服又肥又大，她觉得特别难看，但又不能换上漂亮的裙子，所以只好在化妆上下功夫。她偷偷用妈妈的化妆品，化妆品抹在脸上让她看上去更加光彩照人。周围的同学都喜欢和她一起玩耍，高年级的男生也会向她投来温情的目光。

在学校里不能臭美，竹筠最喜欢周末了。最近受一部电视剧的影响，她喜欢上了一种比较"成熟"的装扮风格。周末的时候，她去买了一条特别紧身的裤子、一件露肩的上衣，还有一双喜欢了很久的高跟鞋。出门前，她收拾了很久，夹了眼睫毛，画了眼线，抹了粉底，涂了浅粉色的口红。

妈妈见她这身打扮，坚决不让她出门。可是，她觉得好看，还是偷偷和好朋友去逛街了，那天一直逛到很晚。当她们往家走时，迎面走来几个社会青年，见到竹筠就不停地吹口哨，嘴里还大声叫道："美女，交个朋友呗！"其中有一个叼着烟的小混混说："装什么清纯，化妆化得跟陪酒女郎似的，跟哥玩玩呗！"

竹筠虽然很开朗，但还是被吓到了。她顾不上自己还穿着高跟鞋，一歪一扭地和好朋友逃一样地往家跑。一回到家，她就冲进自己的房间，看着镜子中的自己，妆都花了，难看死了，竹筠心想还是素颜最好。

专家解读

青春期的女孩开始越来越在意自己的形象，殊不知，"清水出芙蓉，天然去雕饰"，青春期的女孩无须多加修饰，那种纯真的气息就是最美的装饰。而很多女孩却不清楚这一点，她们总是希望用一些外在的修饰来引起别人的注意。为了达到吸引别人的目的，有些女孩甚至穿奇装异服，脸上浓妆艳抹，让人瞠目结舌，同时也容易让人产生怀疑和误解。

或许，现在的你也很困惑，明明感觉把头发染黄、把刘海剪得齐齐的看起来像个漂亮的洋娃娃，特别可爱，但是大人却不允许你染发、化妆及穿奇特的衣服，觉得那样一点都不美。你们是不是很困惑在大人眼中什么才是真正的美？所谓真正的美也就是仪表美，是指一个人的仪态、风度、衣饰、举止、态度和风韵等。仪表是体现一个女孩精神气质、格调情趣、智慧学识的关键因素。女孩，你必须知道什么样的仪表才是真正的美，什么样的仪表才能真正体现你的魅力。

青春期的女孩比较追求个性和热衷于追逐潮流，不论流行的衣服、发型或化妆品是否适合自己，都想要尝试一番，认为那才是时尚。女孩，你知道吗，女人的每个阶段自有不同的美，青春期的女孩无须修饰，便是纯真自然的美。

很多女孩羡慕成熟女人的韵味,殊不知成熟女人却怀念少女的纯真。对于青春期的你来说,要想拥有真正的美,首先要保持干净整洁的外表,然后穿符合自己年龄段的衣着,展现素颜美,多提高自己内在气质和修养,这样无须化妆,从内而外便会散发出属于青春女孩的独特的美。

延伸阅读

青春期女孩化妆的危害

| 长期化妆容易堵塞脸部毛孔,阻碍正常的新陈代谢 | 口红抹在嘴上易吸附灰尘、细菌、雾霾等有害物质 | 指甲油有一定毒性,刺鼻的气味和有毒的色素不利于身体健康成长 |

妈妈说给
@ 青春期女孩的话

女儿,在妈妈看来,你保持本色就很好,即使脸上有几颗痘痘,头发有些蓬乱,这些都不会遮盖住你独特的美。你要相信自己,干净得体、朴素大方就是美,不合适的打扮反而让你失去青春的本色美。

青春期是人生最珍贵、最美好的时光,在你的一生中会留下难以磨灭的深刻回忆。青春期最大的一个特点,就是充满变数,很多东西,如身高、相貌、能力等,都处于不断变化之中,不要因为贪图一时的时尚,而让自己后悔。

女儿，你要学会把握当下的美，你现在所拥有的正是很多人向往的，而且这样纯真美好的年龄很快就会过去，你想拥有的成熟女人的魅力随着成长最终都会实现。你在自然美的皮肤上涂上厚厚的粉底，给原本明亮灵动的眼睛加上假睫毛、双眼皮贴等多余的装饰，就是真的美吗？这样做就能展示你的魅力吗？错了！你自己本来就很美，这是属于你的青春气息，不用装饰就足以让人羡慕不已。

女儿，在青春期要好好爱自己，把自己的时间用在该做的事情上，要知道明智的女孩不会花太多的时间在打扮上。妈妈相信，你是有智慧的女孩，会明白自己该怎么做的。

我为了美，努力减肥

青春期
小档案

人物	珈萌
性格	倔强、好强
苦恼	心目中的男孩不喜欢胖姑娘，努力减肥中
事件	为了爱而减肥，却得了厌食症，最终还是没能被心仪的男孩接受

✳ 为了爱而减肥

珈萌喜欢上一个男孩，高高的、帅帅的，这个男孩是很多女生心目中的白马王子。可惜珈萌长得很胖，是很多男生心中的"丑小鸭"。

每当下课时，珈萌都会跑到窗口，往楼下望去，因为男孩会准时在那里打篮球。每天中午，珈萌总是第一个去食堂打饭，等着男孩出现。但是男孩却不知道珈萌暗恋着自己。

一天，珈萌遇到了这个男孩，她鼓起了勇气向他表白。男孩听了她的话先是一愣，然后大笑起来，他指着珈萌说："你太胖了，我不喜欢胖女孩。"

珈萌很受打击，但她不愿意放弃，她鼓起勇气说："如果我变瘦了，你会接受我吗？"男孩无奈地表示那是不可能的，因为她实在太胖了。珈萌纠缠了半天，男孩只好答应。

珈萌很高兴，从那以后，她发誓要为了爱而减肥。于是，她每天都早早地起来，围着操场跑步，直到跑不动为止。除了运动，她还节食，早餐只喝一杯牛奶，午餐和晚餐只吃一个馒头，身边的朋友都劝她放弃，但她就是不听。

一天，上体育课时，珈萌突然晕倒了，被送到了医院，医生说她是由于过度疲劳、营养不良造成的，需要多休息和补充营养。出院后，她一如既往地拼命减肥，尽管医生提醒过她不要这么做……

慢慢地，珈萌的脸一天天地憔悴。站在镜子前，看着自己瘦了下来，珈萌很高兴，她相信不久后男孩就会接受她。

因为过度减肥，珈萌再次被送进了医院，医生发现她得了厌食症……虽然暴瘦到八十多斤，男孩最终还是没有接受她。

专家解读

现在有些女孩为了变瘦、变美，往往会采取减肥的方式，结果却毁了自己的健康。虽然瘦是美的一种形式，但它并不是美的全部，一味追求"瘦"而丢了健康，无异于舍本逐末、因小失大。

进入青春期的女孩，第二性征开始发育，身体也变得丰满起来。如果女孩的体重超过标准体重20%以上，并且看起来很臃肿，就可以认定为肥胖。青春期女孩应该怎样应对肥胖呢？有人说"胖人什么都不吃，只喝凉水也胖"，其实这种说法并没有科学依据，凡事皆有因果，肥胖绝对是有原因的。除了遗传因素外，很重要的一个原因就是高热量食物摄入量过多，并且活动量少，因此，女孩减肥的重要原则是合理地节制饮食和增加能量消耗。

每个女孩都希望自己身材健美、体态轻盈，刚进入青春期的女孩爱美之心十分强烈，当发现身边的女孩身材苗条，而自己身材肥胖时，就会产生许多烦恼。排除遗传因素，女孩完全可以通过合理节食和锻炼来达到理想的体重。有些女孩会出现"青春期肥胖"，等成年后肥胖往往就会自动消失。因此，专家不提倡青春期的女孩盲目减肥，因为减肥不当，很容易引起一系列身体病症，影响今后的学习、工作和生活。身体就像一棵树，如果在幼年时没有吸收充分的营养，长大后就难以成为一棵参天大树，难成栋梁。

延伸阅读

减肥时要注意

不宜过分节食
注重身体所需的营养，长时间节食容易导致精神差、心情差

适当摄取热量
注意各种营养的合理搭配，少吃高脂肪食物

保持精神愉快，适当参加体育运动
平时多参加体育运动，如跑步、打球、游泳、溜冰等

妈妈说给
@青春期女孩的话

女儿，妈妈知道每个女孩都希望自己身材苗条，妈妈很理解肥胖给你带来的困扰，但处于青春期长身体的阶段，妈妈不建议你节食减肥。

在你身体健康的基础上，我们可以多增加一些体育锻炼，平时多散步、跑步、跳绳，这样不仅可以保持身材，还能增强体质，何乐而不为呢？

穿"乞丐裤"就是有个性，我喜欢

青春期
小档案

人物	希文
性格	热情、张扬
苦恼	该怎样向奶奶讲现在的时尚呢
事件	新买的破洞牛仔裤被奶奶全部给缝上了

※ 都是"破洞"惹的祸

希文最近在网上买了一条破洞牛仔裤，后来，这条牛仔裤的破洞竟然全被奶奶缝上了，这让希文哭笑不得。

牛仔裤到货那天，希文正好在学校上课，接到快递的电话后，希文给妈妈打了个电话，要妈妈帮忙拆包检查，希文妈妈随手便将牛仔裤放在了希文的床头。希文放学回来，发现破洞牛仔裤整齐地摆在客厅的沙发上，而她最中意的"破洞"竟然被缝起来了。

"文文啊，牛仔裤这么破了，我帮你补了一下午，都补好了，你是不是没有裤子穿了？没钱的话跟奶奶说。"文文哭笑不得之际，奶奶从阳台走出来对希文说道。

希文感叹，自己和奶奶在穿衣方面，代沟还真是不小。希文上次穿一字领的衣服要出门，奶奶说："文文，你脖子那儿光光的，小心着凉。"而她穿九分裤的时候，奶奶又会问："这裤子是不是很早之前就买了？都短了。"只有当她穿上暗色碎花裙的时候，奶奶才会夸她一句："我孙女真漂亮。"

虽然裤子不能穿了，但从这被缝好的"破洞"牛仔裤中，希文感受到了奶奶的爱。这件事不仅让希文感受到一种温情，也让她觉得，年轻人的时尚，老人们不能理解，看来今后要同奶奶多讲讲年轻人的时尚才行。

专家解读

破洞牛仔裤已成为一种时尚、一种个性的代名词。在这个个性张扬的时代，处于青春期的女孩尤其想要展示自我、彰显个性，所以，她们会不停地追逐新潮。或许在她们眼中，破洞牛仔裤能充分展示自己的时尚观，能代表新一代年轻人的追求。

你是否也有过这样的经历：父母给你买了一件衣服，刚开始你很喜欢，可穿到学校后，发现有几个女孩也穿着同样的衣服，你就不喜欢这件衣服了，因为你觉得同别人穿一样的很没意思，你想要和别人不一样，以显示自己的与众不同。这种想法是正确的，因为世界上没有完全相同的两片叶子，每个人的追求不同，每个人都有追求自己个性的权利。

青春期的你会想尽各种办法让自己与众不同，诸如衣着打扮张扬另类、谈吐举止讲究个性，这些表现都在向别人发出一种信号，那就是"看我，看我，快看我"，从而希望得到别人的关注。这是因为青春期的你开始寻找自我，这种自我分为两部分：一部分是自己认为的，另一部分是别人眼中的。你现在想要获得别人的关注和肯定，所以开始不停地追求新潮，不断地展现自己的个性，因为你认为自己和别人不一样。

追求个性不是坏事，这也是一种创新能力，假如你少放些精力在穿衣打扮上，或许你会发现更独特的自己。人人都有自己的个性，如果你的个性可使你不断学习、不断进步、不断成功，那么这种个性一定是很美好的。

延伸阅读

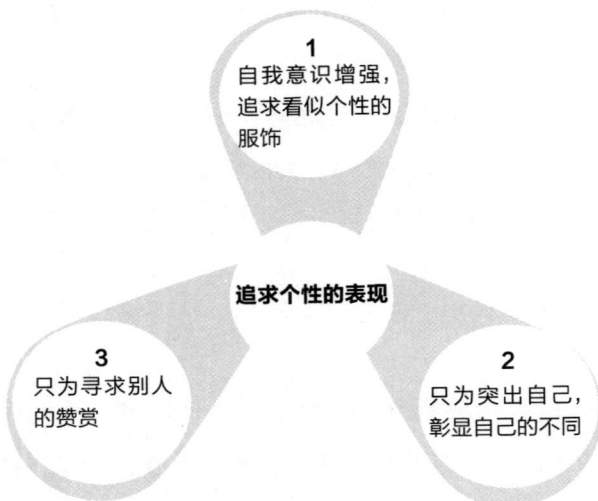

1
自我意识增强，
追求看似个性的
服饰

追求个性的表现

3
只为寻求别人
的赞赏

2
只为突出自己，
彰显自己的不同

妈妈说给
@青春期女孩的话

　　女儿，当你买了破洞的裤子，或是自己动手把牛仔裤剪了，妈妈知道你是在追求潮流与时尚。妈妈不是一个跟不上时代的老古董，你的这些举动，妈妈都理解。

　　妈妈想让你知道的是，这种流行往往是过眼云烟，过不了多久就会过时。现在走出去，你会发现这种裤子随处可见，也确实成了街头飘过的一道独特的风景线，将一条完好的裤子，在膝盖上故意做一个破洞，看上去很随意，但又不失简约，在妈妈看来确实很时尚、很个性。

　　可是女儿，妈妈希望你不要刻意地去追求这些所谓的个性。每个人有每个人的个性，你有内涵，我有气质，她有智慧，这些都是每个人不同的个性。妈妈希望你在追求个性的道路上不要走偏，美的东西大家都喜欢，我也不例外，但我更希望你把这种创造力放在学习上，逐渐提高自己，然后在学习上绽放独特风采。

橱窗里的高跟鞋并不属于我

人物　　　　　恩竹

性格　　　　　自卑、张扬

苦恼　　　　　身边的同学都在长高，为什么就我不长个

事件　　　　　为了体验长高的感受，偷偷地穿了高跟鞋去学

　　　　　　　校，没想到因为高跟鞋，我"出名了"

※ 因为高跟鞋，我成了"名人"

进入青春期后，恩竹的身高没怎么变。眼看着身边的女孩子一个个长高，恩竹十分苦恼，身高成了她的一块心病。有时班里的男生还会开她的玩笑，叫恩竹"小妹妹"，这让恩竹更加郁闷了。

好友启凡得知恩竹的苦恼后，灵机一动给她出了个主意："穿高跟鞋可以增加身高，还可以变美呢！"听启凡一说，恩竹觉得真的有必要买一双高跟鞋穿穿。于是，在启凡的陪同下，恩竹买了一双高跟鞋，穿上之后立即高出了许多，她便迷上了穿高跟鞋的感觉。

恩竹觉得自己穿着高跟鞋很有气质，然后俩人兴高采烈地回到学校。课间时分，恩竹美滋滋地穿着高跟鞋抬头挺胸地在教室里走了一圈，感觉自己很有范儿。结果从讲台下来的时候，她没有站稳，摔了，还好没受伤。但是，在她摔下来的一瞬间，班里立刻安静了，然后疼痛伴随着哈哈大笑声而来，恩竹的

这件糗事在班里人人尽知了。

当天晚上回家，恩竹问妈妈："穿高跟鞋挺漂亮的，可为什么穿完后脚疼呢？"妈妈笑着说："高跟鞋不像平底鞋，不可以天天穿，穿多了对脚不好。你想，穿上高跟鞋后，你的所有体重全部聚集到你的脚掌上，等于说你是用脚掌着地走路，时间一长，你的脚掌自然会很疼啊！"

"是啊，难怪我的脚那么疼！"恩竹皱着眉说。

妈妈接着说："我建议你现在不要穿高跟鞋，穿高跟鞋虽然能让你看起来高一些，苗条一□□□□□你的健康不利。尤其你现在处于青春期，身体还没有完全发育好，长□□□□鞋会损伤你的脚，严重了还会影响你的骨骼发育。"

"啊？！原来穿高跟鞋有这么大的危害啊。今天第一次穿，在班上还出了丑，算了，我以后还是穿平底鞋吧！"恩竹长叹一声。

专家解读

橱窗里的高跟鞋对于女孩来说非常有吸引力，一双合适的高跟鞋可以让女孩显得有气质。女孩穿上高跟鞋后，重心前移、挺胸收腹，会显得高挑、轻盈，风姿绰约。但并不是每个女孩都适合穿高跟鞋，尤其是处于青春期的少女更不宜穿高跟鞋。

处于青春期发育阶段的少女，骨结构中的软骨成分较多，骨组织内含水分和有机物多，无机盐少。骨质柔软，极易变形。女孩过早穿高跟鞋会引起骨盆和足部形态发生变化。骨盆是由骶骨、尾骨、左右髋骨、韧带和关节组成的一个骨盆环，这个骨环的结合过程一般从7岁开始，直到25岁才基本定型。

骨盆是人体传递重力的重要结构。穿平底鞋时，全身的重量由全足负担，而穿高跟鞋时，全身重量主要落在脚掌上，这样就破坏了正常的重力传递负荷线，使骨盆负荷加重，容易引起骨盆口狭窄，导致女孩成年后分娩困难。另外，穿高跟鞋还有可能使骨盆发生不易觉察的移位，影响骨盆环的正常结合，导致骨盆畸形。

足骨在 15 ～ 16 岁发育成熟，鞋的大小直接影响足骨的生长。过早穿高跟鞋会使足骨按照高跟鞋的角度完成骨化过程，容易发生跖趾关节变形、跖骨骨折及其他足病，这些病症都会引起足部疼痛，严重时可影响行走、活动。因此青春期少女不宜穿高跟鞋，特别是那种鞋跟超高的鞋。

延伸阅读

挑选高跟鞋的秘诀

挑选时可把鞋底弯曲一下，越容易弯曲，说明品质越好

最好挑选大一号的鞋子，否则容易损伤皮肤，影响脚部美观

每个人的双脚都不完全一样，要根据自己的情况来挑选

妈妈说给
@ 青春期女孩的话

女儿，等你到了一定的年龄，当你轻轻地把脚伸进精致的高跟鞋时，细细的鞋跟支撑起你的整个身体，你会很兴奋，因为你是成年人了。有人说，一个女人，如果没有一双高跟鞋，就像一个句子没有动词一样，是难以想象的。也有人说，女人穿上一双美丽的高跟鞋，就会被带到一个美丽的地方。但是，在去往美丽的地方前，你必须经过疼痛。

妈妈想告诉你的是，兴奋只是短暂的，当你的双脚不断承受压力时，你会发现穿高跟鞋并不是一件让人舒服的事情。第一次穿高跟鞋的心情是那样的开心满足，

那种兴奋与发自内心的幸福夹杂着脚的疼痛，犹如爱情的最初体验。

穿了一段时间的高跟鞋，你会对高跟鞋又爱又恨。爱，是因为穿上它，你变得更加妩媚动人、风姿绰约；恨，是因为美丽的高跟鞋在带给你美好感觉的同时，会束缚你的双腿，穿上高跟鞋你就不能尽情地奔跑跳跃了，走路也不能风风火火了，只能优雅地迈着小碎步。

女儿，虽然穿高跟鞋能增加你的身高，能使你的身材更显苗条、秀美，但对身体健康却非常不利。现在你正处于青春期，身体还在不断发育，应该少穿高跟鞋或不穿高跟鞋。鞋跟稍高一点儿的平底鞋对身体没有太大的影响，但鞋跟的高度不宜超过 3 厘米，不然你腿部承受的压力将增大很多。

越来越喜欢照镜子，我是不是有病

人物	展旭
性格	活泼开朗
苦恼	最近迷上了照镜子，我是不是有心理问题
事件	每天都会对着镜子发呆

※ 时间镜子可以留住美吗？

展旭是个活泼开朗的初二女生，她总是 7 点起床，但最近，她把起床的时间提前了，原因就是她迷恋上了照镜子。

以前每天起床，展旭都是匆匆地在镜子面前梳好头发，但是现在，她却要花上很长时间打扮自己，先是把护肤的东西往脸上涂，再细细地抹开，然后把护发的东西涂在头发上，用吹风机一层一层地吹；头发吹好后，她还会喷上定型啫喱；最后，她还会拿着镜子仔细端详一番，直到找不出什么瑕疵，才肯离开。

一天，展旭妈妈接到展旭老师打来的电话。老师说，最近展旭上课总是不认真听讲，好几次走到她身边，都看见她拿着小镜子在照。眼看就要期末考试了，展旭可是班上的学习委员，老师不想她因为爱美而耽误了学习……

展旭妈妈听了老师的话惊讶不已，她也发现展旭最近比较爱美，但是没想到她竟然在课堂上也会不停地照镜子，她决定想个办法纠正女儿的心态。

当天，展旭放学回到家后，妈妈将一个包装精美的盒子递到她手上。一脸惊诧的展旭打开盒子，看到了一面镜子。

"妈妈，你为什么要送我镜子？"展旭感到很不解。

"你拍手看看。"

"拍手？"不明就里的展旭虽然不知道怎么回事，但还是照妈妈说的拍了两下手。

随着掌声响起，展旭的嘴巴张成了"O"形，她看到镜子上竟然显示出了时间和日期。

"这是时间镜子，也是声控闹钟，只要有声响，它就会显示时间。"妈妈看了看展旭，接着说道："妈妈希望你不要把所有时间都浪费在照镜子上，一寸光阴一寸金，真的想留住美丽和青春，就应该珍惜时间，而不要让它轻易从你手中溜走。"

展旭这才明白妈妈的用意，她恍然大悟地捧着这面时间镜子，眼神慢慢变得坚定起来。

专家解读

爱美之心人皆有之，尤其是花一般的青春期女孩，她们不仅喜欢把自己打扮得漂漂亮亮，还热衷于照镜子。照镜子是女孩进入青春期的一个比较典型的行为，在生活中，想必这种情况也会在你的身上发生。你是否也曾对着明亮的车窗或商店的橱窗玻璃，一会儿用手理理刘海，一会儿做个鬼脸，仿佛置身无人之地？而当轿车突然发动引擎或商店售货员疑惑地看着你时，你才会觉得有些不好意思。

大多数女孩喜欢照镜子其实是自我欣赏，能从中获得一份愉悦感，但是不同家长在这件事情上却有不同的处理方法。有的家长视而不见，一切按照孩子的意愿来，不对孩子做任何限制，也不在意孩子是否过于注重自己的衣着、发型，直到孩子成绩下降、思想走偏时，家长才给予重视，不过此时往往已经错过了最佳的教育时机。也有的家长一看到孩子照镜子，就加以指责，好像孩子做了多么不光彩的事情一样，这样做反而会激起孩子的逆反心理。

本来，爱美并没有错，但凡事都要有度，过度爱美就会影响到学习和生活。

也有些青春期女孩热衷于照镜子并不是因为爱美，而是因为不自信而出现了照镜子等强迫性的习惯动作。由于家庭、自身等原因，并不是每个女孩在青春期都能得到家长、老师的关注和保护，总会有人因为同学和老师的不喜欢而慢慢变得自卑、怯懦，这些女孩在得不到别人欣赏的情况下，会借助其他工具来弥补自己的信心。比如，有些漂亮却不受家人、同学喜欢的女孩会喜欢照镜子，她们会对着镜子中的自己说："我怎么就一无是处了，我很漂亮，别人都比不过我。"这其实是一种心理暗示，一种自我安慰。对于这样的女孩，我们需要给予关爱，不要让她们的自卑变成一种心理障碍。

延伸阅读

如何摆脱爱照镜子的心理

1 学会关注身边事物
平时多与同学交流，转移注意力，消除爱照镜子的习惯

2 学会自我控制
镜子并不是生活的必需品，无法增强自信心

3 学会适度
爱美之心人皆有之，自我欣赏也要有节制

女儿，你知道吗？当妈妈看到你捧着一面小镜子照了很久时，我明白，我的女儿长大了，知道注意自己的形象了。看到你这样，我既高兴，又感到些许的担心。高兴的是你长大了，知道打扮自己了，说明你的自我意识加强了；担心的是青春期是你成长的关键期，我必须要引导你顺利度过。

喜欢照镜子不是病，多关注一下自己的形象没有问题。妈妈建议你每天早晨梳头时好好照照自己，把自己打扮成一位优秀的学生的样子。但是，照镜子过于频繁会浪费时间，作为学生，时间宝贵，你不能因为照镜子而耽误学习，导致成绩一落千丈。

妈妈希望你漂漂亮亮的，但是在你这个年龄段，如果把时间过多地放在注重自己的形象上，势必会失去更重要的东西。所以，妈妈希望你好好珍惜时间，珍惜学习的机会，只有把现在该做的事做好，才能以更加良好的心态迎接美好的明天。

第八章
名为"友谊"的东西

在懵懂而又无知的青春期，你是否有一位一直陪伴你的朋友，你们一起吃饭、一起上课、一起聊天甚至一起上厕所。或许正是因为他们的存在，才让我们在青春期里感觉不到孤单、落寞。

也许多年后，那位和你说永不分离的朋友不知去向，也不知过得如何，但每当想起那些岁月时光，都会让你觉得格外怀念。即使现在天各一方，曾经的相遇仍温暖着你整个心房，那便是名为"友谊"的东西。

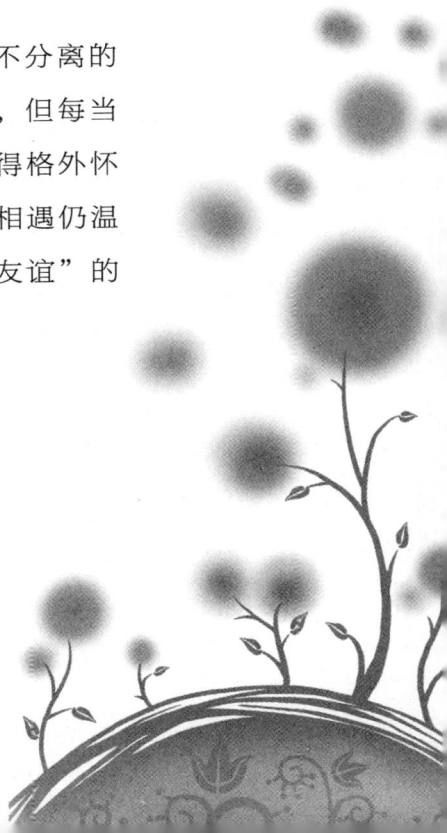

到哪里去寻找真正的友谊

青春期
小档案

人物	迪轩
性格	热情
苦恼	我对每个人都好，却为什么不能真正地融入他们的世界中
事件	平心而论，我对同学都很热心，为什么他们会如此对我，竞选的事简直让我成了大写的尴尬

※ 班级竞选，大写的尴尬

迪轩是个热心肠的丫头，她最大的特点就是对谁都好。无论是帮同学做值日还是给同学辅导功课，她都非常热心。她试图靠近班里的每位同学，想和所有人建立"朋友"关系，想融入班级这个大环境中。实际上，她这样做是有目的的，她想知道自己做了这些之后，会有哪些同学把她当成真正的朋友，会回报她。

她平时帮助同学后，总会说一句："这次我帮了你，下次你也要帮我哦。"她觉得自己对每个人微笑、为每个人做事，别人自然都会把她当作好朋友。直到有一天班级竞选班干部，她毛遂自荐担任班级的生活委员。站在讲台上，她介绍了自己很多优点，甚至还将自己帮同学的事一一讲了一遍。最后她说："希望我的朋友们都能够支持我!'可令人没想到的是,选票统计出来后,她的得票居然很少,迪轩的脸上写着大大的尴尬。看着台下那些自己帮忙写过作业、做过值日、请吃过零食的同学,她忍不住哭了。

直到此刻,她还是不明白,为什么自己做了那么多,却没人把她当朋友。之前帮助过的同学难道不是朋友吗?她开始怀疑自己对朋友的认识。

专家解读

友情是人们在交往活动中产生的一种特殊情感,是一种来自双方关系的情感,任何单方面的良好感受,都不能称为友情。像迪轩那样抱着"要求回报"的心态去找朋友,是很难交到真朋友的。

对于青春期女孩来说,朋友是不可或缺的。朋友的存在,可以让身边的快乐加倍、痛苦减轻,拥有朋友,在孤独无助时可以得到朋友无私的帮助,也可以在紧张的学习中感受一起努力、一起奋斗的快乐。

女孩,在你十几岁的年纪,你希望看到的世界是什么样子,它就是什么样子。如果你认为这个世界是功利的,朋友之间是用来相互利用的,那么你就不可能交到真正的朋友。因为如果你有了这种心态,你将体会不到那种不讲交换、毫无功利的友谊是多么的可贵。

延伸阅读

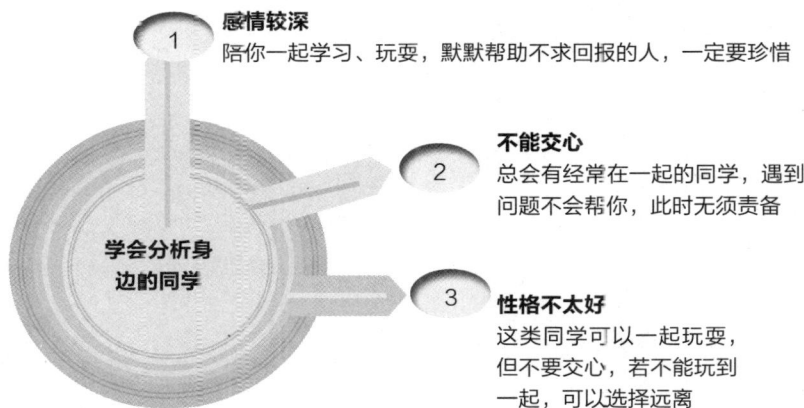

感情较深
陪你一起学习、玩耍,默默帮助不求回报的人,一定要珍惜

不能交心
总会有经常在一起的同学,遇到问题不会帮你,此时无须责备

性格不太好
这类同学可以一起玩耍,但不要交心,若不能玩到一起,可以选择远离

学会分析身边的同学

女儿，想必你也听说过吸引力法则，它告诉我们，你怎么对待别人，别人也就怎样对待你。也就是说，我们在找朋友的同时，朋友也在找我们。

有句谚语说："家人是不能选择的，但朋友是可以选择的。"所以，在你选择朋友时，一定要明智，不要把宝贵的时间和精力浪费在不值得交往的人身上。朋友是在你生活遇到困难时，对你慷慨解囊无私奉献，只求付出不求回报的人。"同利为朋"是不可取的，因为朋友间交往，重要的是思想交流、心灵沟通。朋友的作用是帮助我们缓解压力、改善心情，陪我们忍受伤痛，告诉我们生活的意义，能让我们活得更充实。

所以，交朋友并不是利益交换，朋友之间是需要付出真心的。只有付出真心你才会找到不求回报的好朋友，友谊也会不期而至，降临到你身边。

妈妈希望你成为一个品质高尚的人，选择的朋友是会让你感到骄傲、让你赞赏，同时也是欣赏你的。有的人参与了你的生活而让你的生活充满阳光，妈妈希望你是那个能为朋友带来阳光的女孩。

为朋友背黑锅这种事，要不要做

人物	悦琦
性格	活泼开朗
苦恼	好朋友让我帮她背黑锅，不知道该不该帮。不帮觉得自己不够义气，可帮了又觉得不对
事件	朋友让我帮她承认错误，我很纠结

❋ 好朋友的黑锅，你们会背吗？

最近，活泼开朗的悦琦遇到了一件令她特别苦恼的事情：她的好朋友欣言遇到了一个大麻烦。欣言是悦琦非常要好的朋友，俩人睡过一张床，穿过对方的衣服，吃过对方的剩饭。因为欣言长相甜美、学习好，追她的男孩很多，于是她经不住诱惑，开始早恋了。欣言早恋的事情对于悦琦来说不是秘密。

这天，欣言的爸妈发现欣言谈恋爱了，他们被欣言手机里那些肉麻的短信气得快吐血了，强行把她的手机没收了。悦琦在家人面前一直都是乖乖女，欣言希望悦琦能够帮她，帮她去向她爸妈解释，说那些短信都是悦琦借她手机发的，跟她没关系。

悦琦被欣言的恳求吓到了，虽然自己的学习成绩不是很好，但自己在爸妈眼中也是个乖孩子。这件事她不想帮欣言，因为自己的舅舅和欣言的妈妈在一个单位，若让舅舅知道了，这件事一定会传到自己爸妈的耳中，到时候自己就会很难堪。

悦琦很纠结，如果她不帮欣言，欣言的父母找到学校的老师后，她就评不上班级的三好学生了；若是自己帮了欣言，爸妈肯定会被气到。欣言又说："帮我，你最多被你爸妈严厉批评一下，而且你成绩又不是很好，肯定评不上班级的三好学生，也没什么太大的损失。"

欣言的话，让悦琦更加为难，好像自己不帮她就太不够朋友了，太没有义气了。

专家解读

青春期的孩子都需要朋友，好朋友对于每个人来说都很重要。由于涉世未深，青春期的孩子很容易把义气曲解为友谊。讲义气是要有原则的，我们不能不分青红皂白就去替朋友背黑锅。当好朋友做错事时，我们要耐心劝导，告诉对方知错就改仍然是好孩子。

女孩一般都很善良，只要别人求她们，她们总是会心软，做一些自己并不情愿的事。可是你有没有想过，这样的事情会对自己造成怎样的伤害？如果不分是非曲直就替朋友背黑锅，这种做法反而容易让你失去这份友谊。

当好朋友遇到困难时，女孩总想帮朋友做些什么，这是源于她们善良和诚恳的天性。但是，我们也要有自己的原则，为朋友做任何事情，都不能超出做人的原则和底线。有些女孩为了"义气"二字，帮助朋友打架，不分缘由地欺凌其他女孩，或者替朋友承认错误、接受惩罚等，这样做难道就可以证明你们的友情深厚吗？

错，那样恰恰说明你们之间并没有真正的友谊。当心不甘情不愿时，你们可能会互相提防、互相讨好，最后不欢而散。如果你替朋友背了黑锅，就等于为你们的友谊埋下了一颗定时炸弹，说不定哪一天这颗炸弹就会爆炸，而你们之间所谓的友谊也就随之烟消云散。

你的朋友犯错了却没有勇气承担，找你帮忙，而你拒接她的请求后，她或许会与你绝交，不再把你当朋友，如果是这样，请你相信，即使没有这次拒绝，她也从来没有真心把你当朋友看，你只是她的附属品而已。因为只有她不把你当朋友，才会在她有难时第一个把你推出去，让你替她承担。所以，失去这样的朋友也没什么，真正的朋友是不会让你去替她承担错误的。

延伸阅读

好朋友之间，这几种忙不能帮

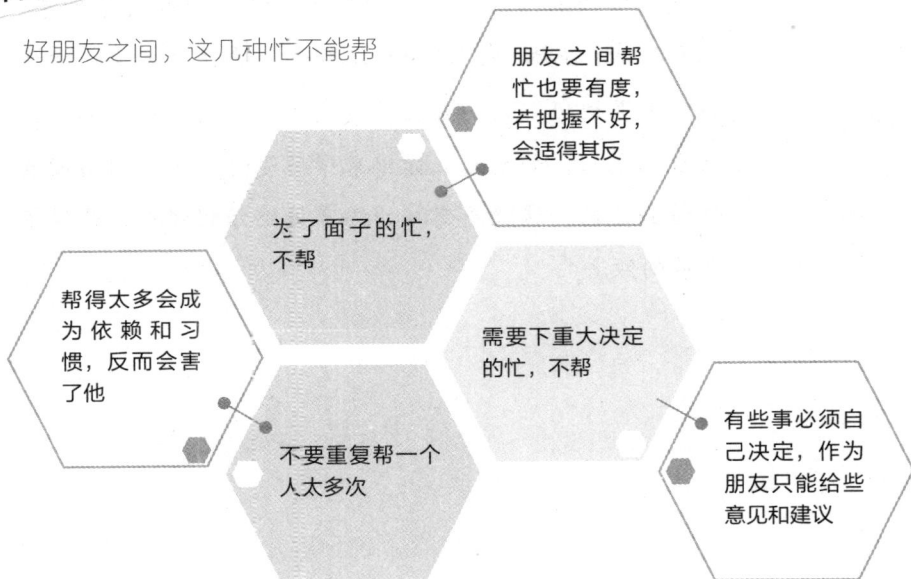

- 朋友之间帮忙也要有度，若把握不好，会适得其反
- 失了面子的忙，不帮
- 帮得太多会成为依赖和习惯，反而会害了他
- 不要重复帮一个人太多次
- 需要下重大决定的忙，不帮
- 有些事必须自己决定，作为朋友只能给些意见和建议

妈妈说给
@青春期女孩的话

女儿，你要记得，代朋友受过不是获取友谊的正确途径。在朋友请求帮忙时，千万不要为了面子而帮朋友，因为你的一次帮忙并不能帮朋友真正渡过难关。若成为一种习惯，等到最后无法收场时，你会发现不仅没有帮到朋友，自己还失去了很多。

所以，女儿，也许你真的出于一片好心去帮朋友，但并不是所有的忙都可以帮，特别是涉及个人品质的问题。有些忙，我们可以帮，朋友会记你一辈子的好；但有些忙，帮了对方，我们自己背了黑锅，朋友不仅不记你的好，反而还会让你自己受到伤害。

朋友之间感情再好，也不能为她背黑锅，代她承认错误，哪怕朋友犯了很大的错误，那都是她自己的事。你要做的，是帮助朋友避免犯错误，告诫她不要一意孤行，如果她仍旧按照自己的意愿去做，最后出了错，就该自己承担；如果她让你出来帮她受过，而你因为朋友情谊去帮她，这就是变相的纵容她继续犯错误，是很不正确的做法。

说真话，会不会失去这份友情

青春期
小档案

人物	誉桐
性格	热心、善良
苦恼	朋友之间该不该说真话，如果说出来，可能会失去这个朋友，我应该怎么办
事件	为了朋友好说了真话，可还是失去了这份友情

✳ 好朋友之间不该说真话吗？

誉桐最近很苦恼，因为她发现自己的好朋友恋爱了，而且对方是誉桐很不喜欢的男孩，用誉桐的话来说就是美女配野兽，好女生爱上了坏男孩。好朋友好像一夜之间变了，除了那个男生，她对谁都满不在乎。

在老师和家长劝说都无效的情况下，誉桐决定用自己的方式来拯救好友。她背着好友私下搜集了很多关于这个男生的"罪证"，比如，偷拍他跟别的女生聊天，截取他和别的女孩很暧昧的聊天记录，甚至私自加上他的微信，探寻他的私生活等。她还跟踪这个男生，看他到底是什么样的人，平时都跟哪些人接触……誉桐收集了大量证据，并把自己知道的这些一股脑地告诉了好友，她满心以为好友可以醒悟。令誉桐想不到的是，好朋友不但不感激，反而对她破口大骂，并告诉她："我自己的男朋友，我最了解，你凭什么插手我的事？他什么样我比你更清楚，请你离他远一点，以后，我们不再是朋友！"

誉桐很委屈，她始终想不明白，为什么自己为了友情全心付出的一腔义气，最后竟然换得如此回报。后来，那个女孩再也没有和誉桐说过一句话，誉桐眼看着她慢慢堕落下去，甚至还为那个男生离家出走。

誉桐直到现在都没有想明白，好朋友之间为什么不能说真话？难道说真话就会失去友情吗？如果因为好心的真话而失去友情，那又何必做好朋友呢？

专家解读

在并不漫长的青春期，友情是最可贵的，是人生路上最闪亮的星星。因为有好朋友在，我们才不会感到孤独。好多人都会拿友情和爱情作比较，我们常常看到两个女生，好起来像一个人，一旦遇到男生这个问题，就各自开始有了自己的小秘密。有人说过，爱情和友情永远都无法有交集，如果我们非把它们纠缠在一起，就容易犯错误。可比起爱情的甜蜜，友情更加理直气壮；比起爱情的伤害，友情的背叛更是痊愈得快。

好朋友一定都希望对方好，当好朋友被蒙蔽时，我们要大胆地说真话，给好朋友指出一条道路，让她迷途知返。当我们知道好朋友喜欢上了一个坏男孩时，我们不想她跟着变坏，逐渐堕落下去，这时，我们一定要帮助好朋友，但是，我们不能直接告诉朋友对方是坏人。因为这个人在你的朋友心中，一定是好的，她暂时被情感所迷惑，一时走不出来，我们可以陪伴她，适时提醒她，千万不要因为冲动而做傻事。

既然你们是朋友，就应该在她无助时伸出臂膀，给她力量；既然你们是朋友，就应该在她成功时，静静地站在一旁欣赏；既然你们是朋友，就应该在她迷失方向的时候，送她一个即便不太明亮的火把，让她能从迷茫中走出；既然你们是朋友，就应该在她步入歧途或者把握不住自己的时候，给她当头一棒，让她在清醒后回到现实的土壤。

你们是真正的朋友，她便可从你这里得到温暖、依靠、信任。你讲的话，她就会相信，就不会认为是指责而产生抗拒，哪怕她认为全世界都不理解她，至少她身边还有一个你。所以,作为好朋友,大胆地说真话、说心里话。若对方不理解,即使失去这份友情,也没有什么可惜的,至少你问心无愧。

延伸阅读

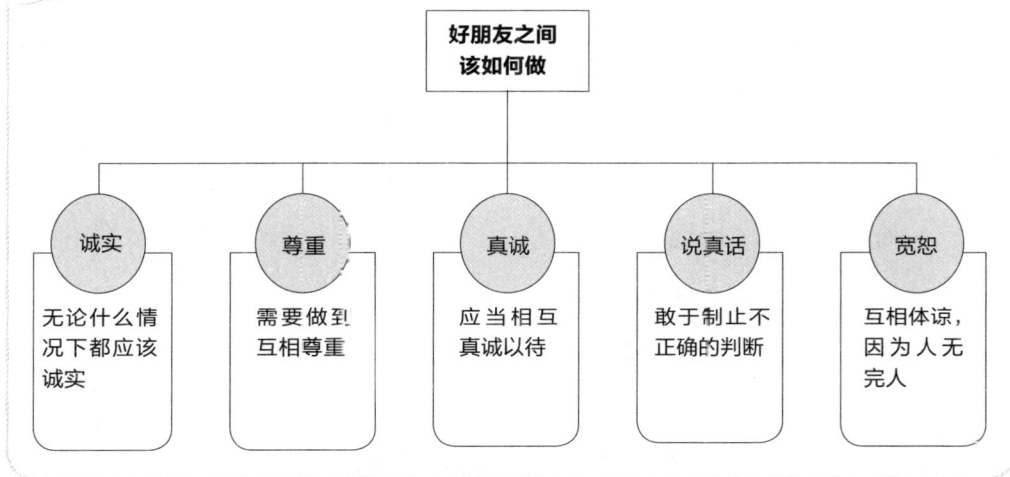

妈妈说给
@青春期女孩的话

孩子,你要知道,好朋友之间没有虚伪的奉承,只有肝胆相照。敢于对你说真话的,才是真正把你当作朋友的人,你在他们面前才是真实的自己。

朋友并不是口头说与你同舟共济、患难与共的人,因为这个承诺太不真实。朋友之间需要信任,只要双方都愿意拿出自己所有的坦诚就好。

假如朋友之间因为一句真话而不欢而散,那么即使失去这份友情,你也无须心痛,更无须后悔。因为好朋友之间在付出的时候,是不需要回报的。即使他现在不在你身边了,即使他的人生路上没有你相伴,他也不会寂寞,你的生活还会继续。

好朋友之间，就必须完全透明吗

人物	微羽
性格	心思细腻、直率
苦恼	好朋友总想打探我的隐私，难道朋友之间就是完全透明的吗
事件	我和好朋友为了不能说的秘密绝交了

※ 一句绝交让人不知所措

看女儿气呼呼地把书包扔在沙发上，小脸通红，妈妈忙问道："微羽，你这是怎么了？"

"我和晨菲绝交了，她不再是我的好朋友了。"微羽交叉着双臂坐在沙发上，语气很坚决，脸上却流露出深深的不服气，小嘴撅得老高。

妈妈看着忍俊不禁道："哟，你俩才多大啊？还学会绝交了。说说看，你为什么要和晨菲绝交？"

微羽委屈地看了妈妈一眼，抱怨道："晨菲总想打探我的隐私，有时我也有难言之隐，不想说，她就耍小脾气，好几天都不理我。这次又是这样，我一气之下就和她绝交了。"

妈妈听到这里，若有所思地说："其实我们每个人都有不可言说的隐私，晨菲这样做是不对的，但尔也该向她解释清楚。"

"您不觉得她很过分吗？我不告诉她，她就说我不够朋友。"微羽气愤地对妈妈说道。

"可是你也有做得不对的地方，好朋友之间应该互相理解、互相信任。"妈妈递给微羽一个苹果，继续劝道："晨菲就是个好奇宝宝，想到什么就问什么，但她人还是挺好的。难道你忘了吗？上个月你生病，是晨菲给你补了一个星期的课，结果你的病好了，晨菲却病倒了。"

经过妈妈提醒，微羽想起晨菲连续一个星期跑来给自己补课的事，后悔之情油然而生，她觉得是自己太冲动了，不但与晨菲吵架，而且还说出了绝交这样的话。

"可是我已经说了跟她绝交，我想她是不会原谅我的了。"微羽没心思吃苹果，满脸懊恼。

妈妈拍拍她的肩膀，安慰她道："这没什么，好朋友之间吵架在所难免，你先给晨菲道个歉吧。"

好朋友之间难道会因为一句绝交，就真的没有友情了吗？微羽陷入了沉思，还是想想明天怎样和晨菲打招呼吧……

专家解读

生活中总会有戏剧性的画面，好朋友之间难免会有磕碰、吵架的时候，在气头上也许我们都会说一些难听的话，这在人际关系中是非常自然的。当你觉得被好朋友伤害想要反击时，一定要先停下来，做深呼吸，不要在愤怒中做决定，那样只会破坏你们的友谊。

好朋友是什么？是我们欣赏的人、是可以说话的人、是可以依靠的人。童年阶段，我们的友情以寻找玩伴为特点，那时的友情很简单。到了青春期，我们开始希望得到别人对自己的认可，在这一时期的友情会涉及很多方面，我们要寻找那些和自己价值观一致的人。但是朋友之间也并非无话不谈，我们知道朋友之间关系再好，也不是什么都可以随口而出，任何人都有自己的隐私，隐私就像你房间里带锁的日记本一样，设有密码，好朋友之间也不是完全透明的。

有人说过，朋友之间的关系不论多好，别人不想透露的隐私就不要过问。有些孩子总是喜欢刨根问底，仰仗着自己和对方的关系好，所以就想知道关于对方的一切。其实每个人身边多多少少都会有这样的朋友，但没有人喜欢被强求的感觉，如果对方愿意和你讲，自然会讲，别人不愿意说的，我们千万不要傻傻地问个不休。很多时候，关系再好的两人，由于种种无奈，也不是什么隐私都能毫无顾忌地分享。

你换位思考一下就能理解，谁都有不能说出口、只能自己知道的隐私，作为好朋友我们应当尊重对方的意愿，对方不说，我们不问，对方说了，我们认真聆听，为朋友排忧解难，这才是真正的友谊。

延伸阅读

好朋友之间
应有的状态

平等、尊重
互相欣赏、平等对待、互相尊重才是最好的状态

不要逾越界限
不主动越界，要有分寸地对待，不要肆无忌惮地开玩笑

三观相同
物以类聚，人以群分

妈妈说给
@青春期女孩的话

女儿，好朋友之间应当坦诚相待，但我们不能为了满足自己的好奇心而去探寻对方的隐私。看到你身边好友成群，妈妈从心底为你感到高兴，同时，我也很感激你的这些朋友，他们给你带来了快乐，教会了你怎样与人相处，怎样真诚地去帮助别人。

那天你对我说，你要与最好的朋友绝交，我不知道是什么原因让你如此生气，但是我看得出来，你对那个朋友的感情还是很深的，要不然你也不会难过到吃不下饭。

其实，朋友之间发生摩擦是常有的事，在遇到矛盾时，如果你不能以一颗宽容的心去对待，你就留不住真正的朋友。所以，你应该敞开心扉，把心中的不满向朋友说清楚，只要你们彼此用心，相信没有什么解不开的疙瘩。

女儿，希望你能了解，友谊像酒，越陈越香。祝愿你在漫漫的人生长路上，总有知心的好友风雨相随，互相扶持、互相慰藉，一起快乐成长。

我居然希望我的好朋友不如我

人物	珈鸣
性格	内向、叛逆
苦恼	总希望好朋友处处不如我，感觉自己很虚伪， 不知道为什么会变成这样
事件	希望好朋友不如我，她出丑，我开心

❋ 好朋友被捉弄，我却很开心

　　珈鸣和若涵从小一起长大，她们曾是非常要好的朋友，但不知从何时起，珈鸣的心与若涵越来越远。

　　若涵是家长口中"别人家的孩子"，这让一直认为自己不起眼、学习不好、长得又不好看的珈鸣十分自卑。若涵长得很漂亮，眼睛大大的，说话轻声细语，加上她父母是经营服装生意的，家里经济条件不错，她穿的衣服都很时尚，在班上非常引人注目，被很多同学称为"班花"。而珈鸣则经常是同学嘲笑的对象。珈鸣非常不理解若涵为什么会和她做好朋友，难道是为了有片绿叶衬托红花的娇艳？虽说是好朋友，不知从何时起，她们之间变得只有朋友之名而没有朋友之实了。

　　若涵是班干部，在班里遇到困难时，很多男生都会主动帮忙。当班里男生向若涵大献殷勤时，有些女孩觉得她喜欢抢"风头"，嫉妒感悄然而生。她们有时会趁若涵不在座位时，将她的书藏起来，让她上课时找不到书，这些小动作被坐在后排的珈鸣全看在眼里，身为若涵的朋友，她心里居然会感到莫名的开心。

　　为了破坏若涵在男生心目中的"美女"形象，有些女生经常在若涵的衣服上做手脚，如把口香糖放在若涵的座位上，或者把一张写着贬损若涵话语的纸条贴在她的背后等，这些小动作都是珈鸣心里想做却不敢做的，看着"好朋友"被如此捉弄，珈鸣却很开心。

专家解读

　　弗洛伊德说过，两个女孩的友情就像水仙花，自己美丽的同时又倾慕对方的耀眼。两个人之所以是好朋友，除了个性相同外，志向和喜好也多是相同的。好朋友的身上一定有你想要的优点，你爱她、懂她、羡慕她，只因为她活成了你想要的样子，因为她其实就是你心底深藏的另一个自己。

　　其实，嫉妒心理的产生是极端个人主义和利己主义思想在作怪，它使人很难正确地认识客观事物，无法恰如其分地评价自己。对处于青春期的女孩来说，她们在相貌、成绩、受异性追捧程度等方面的差别，很容易导致她们"争风吃醋"。当女孩产生了嫉妒心理，她们往往感到十分痛苦，如果任其进一步发展，很容易造成中伤、诋毁他人或自我消沉的恶果，这对青春期女孩的成长非常不利。

　　女孩，当你开始抱怨别人，对努力的朋友评头论足时，一定会忽略自己停滞不前的脚步，这就是你一直留在原地的原因。而你的朋友，那个努力的人，没有时间抬头去看别人，只顾着朝一个方向前进，那就是她向往的方向。女孩，不要嫉妒别人，当你嫉妒别人时，别人会越过越好、而你则会更加失败。

　　好朋友一定是她好的时候，你为她开心；她不好的时候，你陪着她，同她一起进步、一起成长，你不会对她的得与失进行言论攻击；好朋友之间不会计较喜与乐。我们无需嫉妒别人，只需记住你们生而不同，你们从来就不曾相同。

延伸阅读

嫉妒心理容易破坏同学之间和谐的关系

嫉妒心理往往会使自己陷入苦恼之中无法自拔

嫉妒心理容易导致身体不健康

嫉妒心理的危害

嫉妒心理的应对策略

正确认识自己、减少虚荣心

转移注意力、学会接纳和理解他人

学会公平对待他人

妈妈说给
@青春期女孩的话

　　每个青春期的女孩子，甚至世界上的每个人都有嫉妒心理，只是表现不同而已。嫉妒是一种心理状态，是指当你看到别人在某些方面比自己优秀，而自己一时又难以达到那个层面时，产生的恼怒、不满、愤恨等不良情绪。从本质上说，这是一种不健康的、消极的思想。

　　在妈妈看来，青春期的女孩对好朋友产生嫉妒，其实也是一种羡慕心理，如果你也有这种心理，妈妈能理解你。嫉妒别人的好，说明你不甘于落后，说明你希望比别人更强更棒。可是你不能仅仅停留于嫉妒层面，因为嫉妒心理对你有很大的危害。英国哲学家培根曾经说过："嫉妒这恶魔总是在暗暗地、悄悄地毁掉人间的好东西。"

　　嫉妒心理影响人的身心健康。首先，嫉妒心强的人容易得身心疾病，长期受不良的情绪支配，人容易产生忧愁、愤怒、抑郁等消极情绪，会严重损害身心健康；其次，嫉妒心强的人不受欢迎，当一个人嫉妒别人时，就会对别人表现得不友善、不热情，这样必然导致双方关系冷淡，所以，嫉妒心理是人际交往的绊脚石。你现在的主要任务是学习，而嫉妒心对学习会造成不良影响，使你的学习效率大大降低。

世界上没有十全十美的人，每个人都有自己的优点和不足。当你在某方面不如别人时，有可能这方面正是她的优点，因此，过分比较有时候是没有意义的。

女儿，妈妈还想告诉你，仅仅嫉妒是没有用的，如果你真的想赶超别人，就应该用行动证明自己。也许你不漂亮，但你很善良；也许你不富有，但你为人热情、乐于助人；也许你的成绩不好，但你有积极进取的心。总而言之，你要看到自己的优点，努力发扬自己的优点，做一个积极向上、乐观豁达的人。

我喜欢你，却只能以朋友的名义

人物	思嘉
性格	直率
困扰	少女心泛滥，喜欢上了好朋友
事件	暗恋的人让自己帮忙递情书给别人

※ 我喜欢你，却用友情开错了头

思嘉和张扬从小就是好朋友，男孩性格的思嘉一直喜欢着乐观开朗的张扬，只是张扬不知道而已。

"思嘉，走，打球去。"中午吃完饭，张扬捧着乒乓球拍来找正在看杂志的思嘉。

思嘉二话没说，合上书就和张扬去了操场。

两人打了半小时乒乓球，都有些累了，就坐在跑道一边的看台上休息。思嘉看到张扬一副欲言又止的样子，忍不住问他是不是有话要说。

张扬的脸微微发红，吞吞吐吐道："有一件事搁在我心里很久了，今天我想把它说出来。"

听到张扬这样说，思嘉的心立刻怦怦怦地跳了起来，心想难道他要跟自己表白？或者他知道自己喜欢他？

"我喜欢上了一个女生。"张扬终于鼓足勇气说了出来。

思嘉觉得幸福来得太突然，她一直觉得张扬傻乎乎的，总是把自己当男生看待，原来是自己误解了张扬。

思嘉脸上的惊喜还未退去，就听到张扬说："我喜欢上了咱们班的嘉茉，你能不能帮我递封情书给她？"

"嘭"的一声，思嘉感觉有什么东西重重地撞在自己的心上，把心击得粉碎。"你怎么不找别人？"思嘉心里乱乱的。

"你是我最好的'哥们'，我不找你找谁啊？"张扬说得理所当然，思嘉心里却难过极了。搞了半天，原来只是自己一厢情愿，看来以后只能以朋友的身份和他相处了。

专家解读

青春期是独立意识和自我意识觉醒、萌发的阶段。女孩在这个时候往往会把对亲人的依赖和关注转移到老师、同学及其他异性身上，尤其在与异性交往时往往更加敏感，很容易对异性产生期盼和向往。

一个女孩喜欢上某位男生，会希望对方也能喜欢自己。如果事与愿违，女孩就会感到苦恼、悲伤或对生活失去信心。

有的女孩会抱怨说，自己和喜欢的男生关系明明很好，但是对方只是把自己当作朋友看。在这些女孩心中，被当成朋友就代表对方不喜欢自己。事实并非如此，对方把你当朋友，或许正是喜欢你身上的直爽和善良，试想，谁会和一个自己不喜欢的人掏心掏肺呢？

希望自己喜欢的男生也能喜欢自己是一件可以理解的事情，但是如果处理不好和男生之间的关系，只会让自己的思绪越来越乱，最终会在人生路口迷失方向。

延伸阅读

如何正确处理和男生之间的关系

- 态度端正，淡化性别，培养健康的交往意识
- 远离早恋，建立纯洁的友谊
- 广泛交际，不依赖于某个人或某几个人

妈妈说给
@青春期女孩的话

每个女孩在青春期或多或少都会以朋友的名义喜欢一个男生，那种默默喜欢的感觉很美好同时也略带酸涩。你喜欢某个男生不是什么坏事，既然喜欢，就应该尊重他，帮他分担忧愁，给他更多的支持和理解。

女儿，那天你告诉我，你偷偷地喜欢某个男生，会因为他的开心而开心，因为他的失落而失落。对于你的感受，妈妈能够理解，我知道你只是欣赏，并不是要得到。你说他学习成绩很好，也很会关心人，妈妈很欣慰，因为我的女儿已经学会了欣赏优秀的人。那么，你下一步打算怎么做？我想，聪明的你一定会用最正确的方法来处理这段处于萌芽状态的感情。作为你的妈妈，我也想给你提几点建议。

1. 向他的优点看齐。学习他的优点，争取像他一样努力、一样勤奋。只有和他站在一样的高度，他才更愿意和你交朋友。

2. 对他的缺点有清醒的认识。人无完人，再优秀的人也不可避免地会有这样那样的缺点，如不讲卫生、性格冷漠等，希望你不要学习对方的缺点。

3. 保持积极乐观的心态。没有人会喜欢一个意志消沉的人，你可以偶尔失落，但不要因此变得郁郁寡欢、一蹶不振。只有跌倒了再爬起来，才能让自己变得坚强。

4. 保持纯洁的友情，让你们的友谊长成参天大树。或许你因为他的关心感到很幸福，但是我希望你能把这种情感往友谊方面发展。你们还小，现阶段，只有友谊才是最牢固、最长久的。

第九章
谁的青春不言伤

　　很多人回忆起曾经逝去的青春都会带有几分忧伤，在那个懵懂的青春期，可能做过很多让自己后悔的事。其实，疼痛并不是青春期的全部，虽然因为懵懂无知而付出代价，但是这些代价有时会带来收获，有时则会带来伤痛，谁都无法避免。

　　在躁动的青春期，面对失恋、出糗、吸烟、喝酒、追星等，我们不知该如何应对！或许青春一直在疼痛，从未停止过，但也正是这种疼痛让我们逐渐学会了坚强。

带你走出失恋的雨季

人物	晨曦
性格	活泼开朗、乐于助人
困扰	失恋了，对方没有任何理由和解释
事件	好好的一段感情说没就没了

※ 莫名其妙被甩

晨曦是一个初三女生，还有 200 多天就要中考了，可是她却在这个时候失恋了。在这段感情上她投入了很多，也很用心，她相信这段初恋可以走到永远。可是在正式升入初三的前几天，和她相恋的男孩却说不想和她继续了，这让晨曦有些不知所措。

那段时间，晨曦为了挽回他，很努力地去改变自己。他说不喜欢她的情绪化、公主病，她就安安静静地待在他身边照顾他、关心他；他说学校的旦餐太难吃，她就每天偷偷从家里给他带亲手做的便当。为了他，从不下厨的她在满是油烟的厨房忙来忙去。但是对于分手，男孩始终很坚定，她很伤心，好几次问他原因，他却总是逃避，并不正面回答。后来，她有一次约他出来，问他，他才告诉晨曦说他不想辜负父母的期望，想好好学习，还说他们还是做朋友比较好。可是晨曦知道这只是其中一个原因，更大的原因就是他不喜欢她了，因为他的一些朋友告诉她，说他其实从一开始就没有喜欢过她。

晨曦很伤心，想忘记这段感情，专心学习。可是他们是一个班级，抬头不见低头见，那些美好的回忆常常涌现在眼前，她总是在课堂上想起曾经那些美好的时光。她知道不应该总是沉湎于过去的回忆中，应该洒脱一点，尽快让自己重新开始新的生活。

晨曦总是在朋友面前假装很开心、很快乐，不想让朋友担心，也不敢让家里人知道。她害怕家人对她失望，可是她知道，她心里真的不快乐！

专家解读

对于青春期女孩来说，早恋并不是最大的伤害，失恋才是，很多女孩因为走不出失恋的困局而使自己一生都无法正常地恋爱和生活。其实，对于青春期的女孩来说，无论是青春期的早恋还是失恋，都是人生中一段宝贵的经历，应学会接纳它。

在青春期，女孩与异性交往的目的很纯洁，在彼此相处的过程中培养友谊、提升自我，更学着如何与异性相处。在初恋的过程中，要学会爱，寻找幸福、喜悦和感动；要学会把握与异性接触的分寸，使自己和对方的身心都不受到伤害；学习和积累自己在面对大是大非的时候调控自我情绪的能力，以便使自己的情绪始终都向着积极的方向发展；学会积极主动且迅速地处理和解决自己的不良情绪，使双方都处于愉悦和快乐之中，以便更好地学习文化课程等。

当一段感情不在了，女孩更应该学会如何放手。失恋是一种痛，无法言说，但时间可以治愈这种伤痛。在失恋的过程中，你要接受自己的成长，让自己在不断的感悟中抚慰心灵的创伤，这样你才能更加深入地触及自己的灵魂，捕捉自己内心真实的声音，并学会正确看待动人心魄的成长过程。如果我们能从这个雨季里获得提升和改变的体验，那么分手也并不是一件失败的事。

另外，青春期女孩的恋爱有一定的盲目性，感性重于理性，纯真但不现实，同时包含了不稳定、不确定的诸多因素，所以这时候的恋爱与成人组成家庭的恋爱有着本质区别，是很容易出现易变因素的。

延伸阅读

如何快速走出失恋的阴影?

敢于面对现实，接受失恋的事实

不钻牛角尖，不谈过去的事

转移注意力，发掘自己的兴趣爱好

失恋并不可怕，可怕的是无法走出失落的情绪，只要大胆面对、正视这段感情，很快就能走出失落的情绪

对于过去的事，不必再提，生活依旧继续，只要自己想明白，事情总会过去

失恋时，心情无疑是糟糕的，这时可以转移注意力，多听听歌、看看书，走出去，你会发现生活依然很美好

妈妈说给
@青春期女孩的话

　　女儿，你现在的主要任务是学习，而不是恋爱，更何况你们现在的恋爱往往不会长久，你们所说的永远到底有多远，没有人知道。所以，把自己的重心转移到学习上，做你该做的事。

　　虽然早恋是一种很普遍的现象，但这并不意味着它就是合理的，在你对爱没有真正理解之前，你所说的爱只是一种爱慕、一种欣赏，它并不能给你带来幸福、愉悦和快乐，它有时甚至是灾难性的，会使你陷入痛苦之

中无法自拔。

女儿，假如你在爱情中受伤了，要乐观地对待一切，不能怨天尤人，更不能自我封闭。你不要认为这都是自己的问题，每天沮丧消沉，沉浸在痛苦里，而不理会周围人的关心，不积极面对生活，其实，这样只会让对方更看不起你。

要走出失恋的阴影并不困难，只要你把与异性之间的交往定位在发展普通朋友之上，在自己可控范围内顺其自然地与他们相处，你就会顺利地度过这个失落期。

一不小心出糗却成了红人

青春期
小档案

人物	誉茗
性格	活泼、乐于助人
困扰	一不小心在同学面前丢人了
事件	给同桌伴舞的时候发生了一件大糗事

※ "仙人掌大王"的由来

昨天是誉茗最痛苦的日子，因为在她身上发生了一件超级大的糗事。

昨天中午搞笑大王子轩为博大家开心，走上讲台，清了清嗓子说："大家学习这么累，中午又这么困，我新学了一首歌，给大家展示一下啊！誉茗，上来给哥伴个舞！"他一发话，同学们就扭头望向誉茗，顶不住压力的誉茗只好上台为子轩伴舞。同学们纷纷放下手中的笔，抬起头来，目光齐刷刷地看向了他俩。

只见子轩轻吸一口气，弹了一下手，卷起一本书当话筒，他说了一声"Music"，大家哄堂大笑。子轩唱得很起劲，誉茗这边却"悲剧"了。

当时，誉茗在台上做下蹲动作时，只觉得一阵刺痛，仔细一看，原来自己坐到了讲台边上的那盆仙人掌上。那盆仙人掌长满了钢针般的刺，尖得让人看了就会倒吸一口冷气，而誉茗却结结实实地坐到了上面，简直惨不忍睹！最开始同学们都惊到了，等反应过来后便哈哈大笑起来。誉茗的脸唰的一下全红了。

誉茗觉得屁股上都是刺，还好穿的牛仔裤比较厚，否则更难看。后来誉茗在女班长的陪同下去女生宿舍换了一条裤子。整整一节课，誉茗的脸都红红的，像一个熟透的苹果。让誉茗没想到的是，子轩一直在她身旁哈哈大笑，并不停地叫她"仙人掌大王"。

这件事让誉茗觉得该好好考虑一下和子轩的朋友关系了，她非常生气子轩让她在全班同学面前出丑，还让她得了个那样糗的外号！

专家解读

誉茗觉得难堪是很正常的。青春期的女孩特别在乎自己的形象，特别希望自己得到别人的关注，而当众出糗，这对她来说无疑是很大的打击。

每个人都有犯错的时候，想必你也会想起某位同学发生过的一件让你印象深刻的糗事吧！你同样也笑过他吧！之后呢？你对那件事还有深刻的印象吗？没有了，每个人都是在用自己的想法去揣摩别人怎样看待自己，其实根本不用太在意，因为每个人都会有出糗的时候，别人当时只是笑一下，并不会特别在意，你也无须在意。

每个人在自己出糗的时候都会焦虑不安，非常害怕自己的美好形象被破坏。女孩，你知道为什么当别人出糗时你会笑吗？那是因为别人的糗事能提升我们的个体自尊、衬托我们自己的幸运，别人的笨拙能衬托我们自己的优秀。但当自己是"别人"时，你也可以对自己说，我这样做是为了活跃气氛，增进同学友情，并不是什么大不了的事情，过段时间就好了，无须太在意。

女孩，出糗其实不可怕，人有些小缺点有时会让自己显得更真实、可爱，出糗时最坏的情况也就是被别人嘲笑一下，而他们并不能拿你怎么样。当我们以这样的心态去看问题时，自然就不紧张了，这些事也就不是事了。

延伸阅读

如何应对当众出糗

1 **当个玩笑**
幽默是人际交往的润滑剂，微微一笑，不必当真

2 **走为上策**
当众出糗时，走为上策，在场面混乱时可以趁机逃离

3 **稳定情绪**
一定要学会稳定情绪，绝不能心里慌乱，因为越乱越容易出错

妈妈说给
@青春期女孩的话

女儿，出糗不是什么大不了的事，每个人都有被嘲笑的时刻。同学们也就是一笑了之，并没有人会一直记着这件事并不断提起。

青春期是人生最珍贵、最美好的时光，在你的一生中会留下难以磨灭的深刻记忆。青春只有一次，千万不要因为莫名其妙的理由而自卑，从而模糊了年轻快乐的心。现在让你非常自卑的事情，回头看看，其实根本微不足道。你想一下，如果一个人总是完美无缺，我们看不到他的任何缺点，反而会让人觉得他不够真实；如果我们常常在朋友或同学面前暴露一些小缺点，让大家开心一下，反而会赢得同学或朋友的好感，让他们觉得你很真诚，很值得信任。

人生何处不尴尬，每个人都或多或少有过当众出糗的经历，如走错教室、错进厕所或者衣服穿反等，这些都是生活中的小事，无须在意，也不必放在心上，努力做最好的自己就行了。

我一边想自残，一边想活着

青春期
小档案

人物	熙茗
性格	内向、叛逆
困扰	越长大越没意思，我都伤害了自己，却还是没人关心
事件	只有通过伤害自己，才知道我还活着

❋ 看到伤口，我还活着

　　熙茗说她只有看到血流出来的时候，内心的压力才能得到释放，这时才能证明自己还活着。熙茗今年 14 岁，身材微胖，皮肤很白，她非常聪明，学习成绩很好，但她内心很叛逆，总是觉得自己很累，没人能理解她。

　　她的日记本中写满了自伤、自残的话，如"我想告诉妈妈，我很想自杀，但又害怕我告诉她真实的想法后，她会骂我，说我有病。""我没有朋友，我曾经以为有些人是我的朋友，没想到只是我自己愚蠢的想法而已。""没有人知道我是多么努力地希望让身边的人满意，可是他们却只会嘲笑我。""这个世界是个美丽的地方，但是它也很残酷。"

　　熙茗也不知道为什么自己的内心如此悲观。走在放学回家的路上，身边的小朋友拉妈妈的手，如此温馨的画面在她看来也很凄凉。熙茗的父母很忙，感情也不好，平时根本没有时间和精力去关心她。熙茗在学校成绩很好，但却不擅长与同学相处，总是一个人坐在座位上发呆。

后来熙茗想到了一个方法，就是不停地伤害自己，每当压力大的时候，她就会拿出小刀划破自己的手指，让手指鲜血直流，这种举动在她看来只是简单的"放血"，一点都不疼，她觉得就算每根手指都是伤痕，她的妈妈也看不到。

熙茗在日记中写道："当血流出来，真的不疼吗？不疼是骗人的。你看到我笑，那是我装的，明明笑得很假，你却以为我很开心，以为我在笑。每次我在房间割自己手指的时候，都会不停地哭，因为只有这种疼才会告诉我，我还活着。"

每次伤害自己后，熙茗都会咬紧下嘴唇，她觉得这种委屈无人能懂。

专家解读

到了青春期，很多女孩会感到前所未有的孤独。她们觉得爸妈不再关心自己，朋友不再喜欢自己，生活很痛苦。虽然她们的思想在不断成熟，但她们仍是一个需要保护的孩子，内心极度缺乏安全感。假如生活不顺意，她们就会感到莫名的恐惧和无助，部分人还会通过自残的方式减轻情感痛苦和压力。

延伸阅读

特殊的性格与心理自残

一些女孩有潜在的抑郁、孤独、恐惧、强迫症等心理疾病

女孩自残原因

特殊的家庭环境

女孩大脑中多巴胺含量的缺乏会导致其自虐

青春期女孩的模仿心理

妈妈说给
@青春期女孩的话

女儿，妈妈不希望看到你通过伤害自己的方式来释放身心压力，更不希望看到你为了和我们对抗而自残。

妈妈知道，你渴望得到爸爸妈妈的关爱、老师的重视、同学的友谊和异性的青睐，也有自己的想法，但你的生理、心理发育并不完全。或许你的自我意识正在膨胀，你认为自己可以独当一面，但你还不会合理发泄心中的不良情绪，妈妈希望你能多和爸爸妈妈沟通、交流。

女儿，不管你长到多大，你都是妈妈心中的公主，妈妈会永远做你忠实的听众，看着你在自己的世界里发光发亮。妈妈要告诉你，无论你有什么不开心的事，都不要伤害自己，因为你伤害自己，也是在伤害妈妈的心，妈妈希望你能开心、快乐地生活。

谁都没我酷，抽烟喝酒我在行

人物	默函
性格	张扬、叛逆
困扰	难以戒掉烟酒
事件	学会了吸烟喝酒，还被爸妈发现了

※ 一触即发的"家庭大战"

放学铃声刚刚响起，默函就飞奔出教室。在校外一个隐秘的长椅处，默函兴奋地点燃了一根香烟。看着一个个圆圆的小圈从嘴巴里吐出来，默函觉得自己就像是浑身散发着成熟魅力的妩媚女人，尽管她才 15 岁。

连续吸了两根烟后，默函才意兴阑珊地回了家。回到家里，她看到妈妈已经将饭菜端上了桌。

"默函，你怎么看起来无精打采的，是不是生病了？"妈妈看到默函一脸疲惫，关切地问道。

默函说了句不想吃饭，就匆匆地进了自己的房间，丢下客厅里莫名其妙的妈妈。

"默函最近怎么了？看起来一直没什么精神。"默函爸爸放下报纸，问默函妈妈。

"谁知道是怎么回事，她的班主任上周还给我打电话，说默函最近上课总是爱走神，不能认真听讲。"妈妈说完，无奈地叹了口气。

爸爸听了后，去敲默函的房门，房门没有开，里面好像慌作一团，不知道在干什么。

"你快开门啊，默函，爸爸要找你谈谈。"爸爸说道。

过了大约半分钟，默函才慌慌张张地打开了门。

随着房门打开，一股淡淡的烟味和浓浓的啤酒味扑鼻而来，爸爸猛然间意识到了什么，大步迈进了默函房间。环视一周后，他把目光定格在门口处的垃圾桶上，只见垃圾桶里面正隐隐冒着烟，还有啤酒瓶安静地躺在里面。

"你竟然学会了抽烟、喝酒！"爸爸火冒三丈，对着默函怒吼道。

看到默函嘟着嘴没有任何悔意，爸爸气得扬起了巴掌。妈妈见状赶紧挡在了两人中间，转头对女儿说道："默函，你不是爱漂亮吗？你看看你抽烟都把自己抽成什么样子了？脸上一点生气都没有，黑眼圈比妈妈都重。"

默函听完后不服气地去照镜子，她不相信吸烟会影响她的容貌。看到镜子里那张泛黄、干涩，还有着浓浓黑眼圈的脸，默函吓了一大跳。

"吸烟不是让人看起来更有魅力吗，怎么会变成这样？"默函瘫坐在床上，神情沮丧地想着。

专家解读

随着青春期的到来，女孩的自主意识逐渐增强，这种自主意识促使她们用叛逆的心态看待周围的事物和现象，尽管吸烟、喝酒有害健康，她们还是想尝试。而且这方面的宣传越多，她们就越叛逆；父母越是禁止，她们就越好奇，这种好奇心驱使她们开始尝试吸烟、喝酒。

曾有一份调查显示，初中生吸烟、喝酒的比率每年都在大幅度上升，吸烟、喝酒对青春期女孩的生理、心理健康危害很大。很多女孩看到电视剧、电影里的演员吸烟的样子，觉得很酷，于是就开始模仿，渐渐地就养成了吸烟的习惯。

经研究发现，香烟内的烟碱成分会干扰人体听觉与大脑连接的建立。美国密苏里州的一位精神专家曾说过："大脑易受吸烟的影响，尤其是在青春期，青春期若接触香烟，对身体的损害将会是永久的。"

青春期女孩喝酒容易引起酒精中毒。一方面，女孩平时不经常喝酒，身体对酒精很难适应，一旦在短时间内大量饮酒，身体会受到猛烈刺激。另一方面，女孩一般都是和同学聚会的时候才喝酒，为了不在同学面前丢面子，会强迫自己喝酒，这样很容易导致酒精中毒。酒精中毒会损害人体中枢神经系统，导致大脑抑制功能减弱，记忆力减退，辨别力、理解力下降；酒精还会抑制胃液分泌、刺激胃黏膜，使人患上慢性胃炎等。酒精中毒严重时，会导致呼吸困难、昏厥休克，甚至会双目失明或因肝功能衰竭而死亡，所以青春期的你一定要杜绝喝酒。

延伸阅读

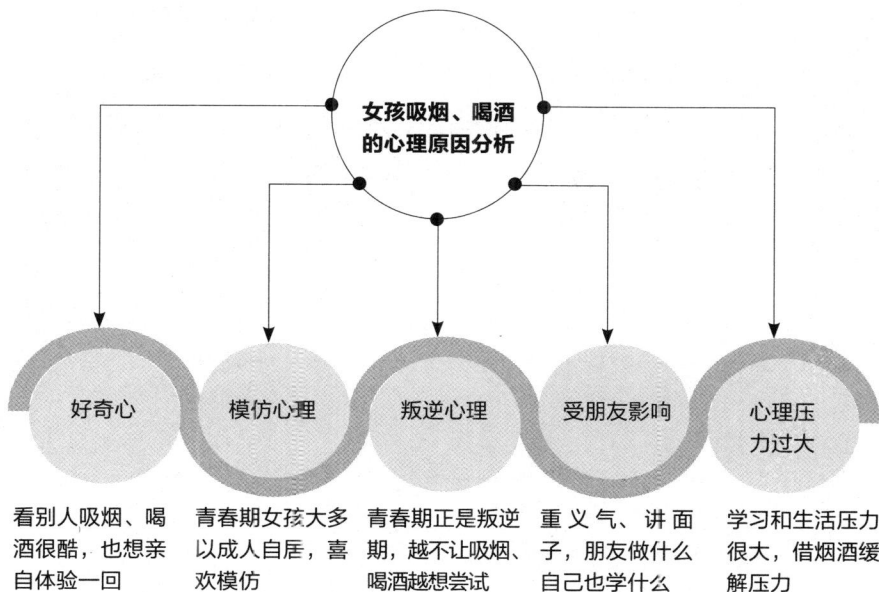

妈妈说给
@青春期女孩的话

女儿，随着你慢慢长大，妈妈越来越不放心，怕你一不小心陷入错误的泥潭之中。

听说你身边有人迷恋上了吸烟、喝酒，对于这个问题，我希望你能明确立场，果断远离他们。俗话说："吸烟有害健康，过量饮酒，有害无益。"对于青春期的女孩来说，烟酒没有任何益处。因为你正处于生长发育期，身体各器官对烟酒中的有害物质极为敏感，所以吸烟、喝酒给你带来的不良后果要比成人严重得多。

女儿，你知道吗？你对烟酒存在一些错误的认识，你不该受朋友、同学的影响与鼓动就去尝试，更不该因为学习方面的压力大而用吸烟、喝酒来排遣。你说喝酒可以美容，对于这点，妈妈要纠正你，适当地饮用红酒是会起到一定的美容效果，但过度饮酒就是毁容了。

作为青春期的孩子，女儿，你应该远离酒精和香烟，让你的生活中少些烟熏，多些快乐，少些酒精，多些真实。

休想给我贴上"坏女孩"的标签

青春期
小档案

人物　　　墨林

性格　　　叛逆

困扰　　　我的青春不该我做主吗？凭什么给我贴上"坏女孩"
　　　　　的标签

事件　　　任性的墨林做了一些"坏"事，心里很矛盾，但不想
　　　　　被人贴上"坏女孩"的标签

✳ 我还是我，没有变

墨林一直是爸妈眼中的乖孩子，其实，她的内心桀骜不驯，在她心中一直住着一个"坏女孩"。她不想一直保持乖乖女的形象，初中刚入学军训时，她为了躲避军训体罚，偷偷地跑去敲响了下课铃，谁也想不到她会想出这个主意。

不知从什么时候开始，墨林变得越来越"坏"了：虚伪、自私、说谎、嫉妒，骨子里总是渴望能干点什么"出格"的事。同学杨颖穿了条黄裙子，艳丽而飘逸，墨林故意失手把墨水洒在了杨颖的裙子上。墨林在日记里写道："我真受不了杨颖穿着这么漂亮的裙子在我眼前晃来晃去，讨厌她臭美、显摆，可是这种做法是不是有些恶毒呢？我真能做出这样的事来吗？"墨林一向成绩很好，人也不错，班上有几个男孩暗暗喜欢她。墨林把这一切都看在眼里，有时还故意招惹他们，她这样描写自己的心理："说实话，我喜欢他们，可是我并不喜欢交男朋友，

但有时候我看到那几个男生为我争风吃醋，心里就会产生一丝快意……"

看着日记本中描述的自己，墨林不敢相信，难道那才是真正的自己吗？她不禁对自己发出疑问：我怎么变成这样了？难道我是坏女孩吗？不不，不是的，这个世界充满了诱惑，即使好女孩也会想任性一次，也会想"坏"一次。我的青春我做主！我就算骨子里不是好女孩，也不能被人贴上"坏女孩"的标签！

专家解读

青春期是一个充满矛盾和渴望的时期，青春期的女孩对任何事情都充满了好奇，我们不能说吸烟、喝酒、嫉妒、早恋和不好好学习的女孩就是坏女孩。青春期的女孩已渐渐成长，开始注重自我感觉，不能说她们喜欢"非主流"就是坏孩子。

青春期的女孩叛逆但又伴有强烈的自省；她们有时活泼乐观、满不在乎，有时又沉默寡言、特别敏感；她们对一些事胆怯退缩，对一些事却又大胆冲动。在青春期女孩的身上，独立与依赖、自傲与自卑、放纵与自省、开放与封闭等各种矛盾并存，这些矛盾使青春期女孩经常处于激烈的抗争之中，于是她们一会儿是乖乖女，一会儿又变成了坏女孩。就像墨林一样，表面看起来很乖，却总是心存坏念头。

每个女孩在成长的过程中都会有烦恼，也会有异常的表现，所以我们不能以偏概全，应当以平常心去看待青春期女孩的异常表现，不要因为她们被一时的"坏"念头、一件"坏事"所迷惑，就给她们贴上"坏女孩"的标签，这样只会给她们带来心灵上的伤害。如果不采取正确的方式，她们会以更加叛逆的心态来对待这个标签，变得更"坏"。

我们知道，青春期是女孩价值观的形成期，也是一个人判断善恶价值以及人格特征、心理品质形成的关键期，这个时期她们需要父母、老师帮助她们形成高尚的道德、完美的人格和良好的心理品质。与此同时，女孩自身也要在尚未成熟的人生观和世界观中，勇敢地面对社会现实，勇敢地剖析自己，克制、抵御种种"坏"念头，真诚地追求美好、快乐的事物。

延伸阅读

坏女孩真的坏吗

1 每个女孩心中都住着一个坏坏的自己，或是追求自由，或是渴望叛逆，但不一定都是坏女孩

2 女孩吸烟、喝酒、打架、逃课、去酒吧、不爱学习，不一定就是坏女孩，她们也有善良可爱的一面，只是你不知道而已

3 乖乖女的身边总会有一个看似坏女孩的好朋友，只因自己不能像她一样活得洒脱、张扬，性格互补的人在一起相处其实对成长有利

妈妈说给
@青春期女孩的话

女儿，妈妈知道你不坏，你不是一个坏孩子。或许进入了青春期，你还没适应，情绪有些暴躁，不喜欢听妈妈唠叨。你想要展示自我，但要寻找正确的方式方法。

我知道你喜欢张扬个性，喜欢非主流，想要在大众眼中别具一格，目的就是希望别人注视你。妈妈知道你想要追求叛逆、自由的生活，不想一直做乖乖女，这种心理正是青春期的叛逆心理。

女儿，也许你曾在安静的夜里聆听自己内心的声音，或许是暗潮涌动，或许是波涛汹涌，也或许是波澜不惊，无论是什么你都要学会调节自己的情绪。也许你觉得内心深处还有一个坏坏的自己，随时随地都会跳出来，那也不能任由自己通过做些坏事来体验那个自己。

妈妈希望你能做一个安静如水的女孩，即使内心很躁动，也要学会让冲动的自己与平静的生活握手言和。

那个帅哥明星，你是不是特别喜欢

人物	熹玥
性格	活泼开朗
困扰	非常痴迷王俊凯，难道有错吗
事件	心中的小秘密—不小心泄露了

※ 熹玥的秘密

今年刚上初二的熹玥有两个小秘密：第一，好好学习，努力考上清华；第二，她喜欢 TF-BOYS 组合中的王俊凯很久了，想做王俊凯的女朋友，将来要嫁给他。熹玥相信，只要努力世上没有做不到的事。

这天，熹玥和好朋友玉蕊在卧室写日记，熹玥忽然肚子痛，匆忙去了卫生间。她临走时没来得及合上日记本，玉蕊翻看了她的日记本，知道了熹玥的秘密。让玉蕊没想到的是，熹玥喜欢王俊凯很久了，而且已经到了无法自拔的地步，玉蕊不想让熹玥深陷其中，于是就想了个办法。

熹玥回来，知道玉蕊看了她的日记，于是理直气壮地说："想做王俊凯女朋友有错吗？"

"没有错啊，那有什么错，我还崇拜鹿晗呢！据说喜欢鹿晗的女孩子都可以绕地球一圈了，那你想想，做他的女朋友谈何容易？"玉蕊认真地说。

"但是总会有一个人脱颖而出，我相信我可以的。"

"跟你说，我也崇拜明星，尤其是帅哥。"

"我就喜欢王俊凯，我很专一的。"

"但是，熹玥，作为学生，我们的首要任务是学习，你写下的第一个人生目标，不是要考个好大学吗？你不学习怎么能考上好大学呢？"

"哼，你不要跟我讲大道理，这些我都懂，我会兼顾学习的。"

"不是，我不是说大道理，我是说，我要路转粉，从今天开始我也喜欢王俊凯，我也想嫁给他。"

"什么？你成心气我是吧！"

"不是，是真的，既然我们现在成了情敌，那么从今天开始，我们就要好好比试一番，我倒要看看，咱俩谁实力更强，如果你连我都打不败，你怎么打败千千万万的情敌。同样，如果我连你都打不败，我又如何打败别人！"

"好，那就一言为定，看看我们谁更强、更厉害！"

专家解读

青春期女孩崇拜偶像，是生理、心理发展的必然。在青春期几乎每个人都有心目中的偶像，我们同辈中也有人把林青霞、张国荣等明星当作自己的偶像，他们也是喜欢帅哥美女的。

女孩在青春期这个年龄段比较容易喜欢长得帅气的男明星，并视他们为偶像，偶像的一举一动都牵动着自己的情绪。其实理智追星没有什么不好，爱好一致、目标一致才会形成这种独特的社交圈，追星有时可以弥补女孩在学校社交能力的不足。女孩根据自己的兴趣和个性选择喜欢的明星，期待自己像他一样发光、发热，这本来是件好事。但凡事要有个度，如果盲目崇拜，超过了这个度，不仅耽误学习、浪费钱财，还容易迷失自我。

现今社会，明星非常多，明星们都自带光环，闪耀无比。现在的孩子追星大多掺杂着一些不切实际的想法。我们可以喜欢偶像，但不要盲目追随，偶像也是人，也会犯错误。如果偶像做错了，也要承认错误、改正错误，并不是他们所做的一切都对。只有你学会用客观的态度来面对心中的偶像，你才能真正地长大、成熟，才能在现实中超越偶像。

延伸阅读

追星的正确方式

A	B	C	D	E	F
我们可以把追星当成一种生活享受	控制好自己的行为，避免盲目追星	明确追星的目的	要根据自己家庭的实际情况考虑追星的经济承受能力	在追星时考虑好有没有影响自己的生活或会不会给家人、朋友带来危害	能够让心中的偶像成为你的奋斗目标和奋斗动力

妈妈说给
@青春期女孩的话

女儿，妈妈并不反对你追星，因为追星这件事并没有绝对的好与坏，有些明星具有榜样作用，你可以通过他的励志故事激励自己努力学习。

妈妈不管你崇拜谁，你一定要记住：对待一切，即使是自己心中的偶像，也要用一种客观的态度面对，不可盲目随从。如果你一味地追求下去，只会迷失自己，离自己的内心越来越遥远。当你用客观的态度去看待时，你才会发现，偶像只是你心中的灯塔，只要朝着那个方向前进就好，不一定非要拥有。

女儿，你知道吗，马克思说过，"伟人之所以伟大，是因为我们跪着。"面对帅哥明星，我们应该学会站起来用平等的眼光去看待他们。

第十章
让梦想插上翅膀

　　苏格拉底曾经说过："世界上最快乐的事，莫过于为了梦想而奋斗。"梦想是每个人的人生目标，是生命的翅膀，可以激发我们的斗志，帮助我们克服一切困难，促使我们走向优秀和成功。

　　每个人都有自己的梦想，而每个梦想都值得尊重。青春期是生命中最美好的阶段之一，是为了梦想奋斗的最好的时期，让自己的梦想插上翅膀，朝着美丽的未来努力奋斗吧！

你在为谁读书

人物	诗意
性格	大方、懂事
困扰	妈妈总是催促我学习，为什么要一味地学习
事件	寻找学习的真谛

❋ 课间闲谈学习的目的

　　刚上完化学课，邻桌小丽凑过来，皱着眉头说："化学太难学了，我一看到化学就头大！我还是比较喜欢语文，诗意你觉得呢？"

　　诗意叹了一口气说："我最近也不爱学习，对任何科目都提不起兴趣，尤其是天天回家还要面对我妈的唠叨，我妈天天拿我和邻居家的孩子做对比，她就喜欢别人家的小孩。在我家，别人家的小孩什么都好，学习好、长得好，做什么都好。每次我听到我妈说别人家小孩，就觉得压力很大，我不明白为什么要学习，难道我们学习只是为了给父母脸上增光吗？"

　　小丽连连点头，也颇有感触："我妈妈也整天说我，要我好好学习，别让人家瞧不起。每次回家，我妈跟我说的第一句话就是让我好好学习。"

　　诗意对小丽说："我压力已经够大了，他们还天天唠叨，这样只会让我更加抵触学习。他们对我的期望值太高，我总怕达不到要求，心里很烦。"

　　十分钟的课间休息时间，就这样在她们的牢骚声中结束了，她们还是不清楚到底为了什么而学习。

专家解读

青春期的女孩对于学习都具有一定的逆反心理，家长的态度越是强硬，越适得其反。她们喜欢和家长对着干，家长越让她们学习，她们就越讨厌学习。不知道你是否也像诗意那样对为什么要学习而感到困惑，明明不是学习机器，更不是考试机器，却总是被父母催促着学习、学习再学习。

女孩你知道吗？学习并不是为了父母，而是为了你自己。你要明白自己为什么学习。著名的教育家赞科夫说过这样一句话："为了在教学上取得预想的结果，单单指导学生的脑力活动是不够的，还必须在他身上树立起掌握知识的志向，即创造学习的诱因。"女孩，只要你弄清楚了自己为谁而学，你就不会有那么多困扰了。

你为什么要学习呢？回想一下，从小到大，你是不是一直都在学习呢？小时候学着吃饭、走路，上学了学习文化知识，而青春期正是你学习的重要时期，你会面临升学、高考等人生中的大事。父母催促你学习，不是为了让你考多么高的分数，而是想让你明白，你现在努力学习是为了自己的未来努力打拼，谁都不能替代你。

事实上，很多女孩认为自己每天辛苦地上学是为了父母和老师，于是就会出现厌学心理，每天愁眉苦脸地去上学，面无表情地上课，满脑子想着下课、放假、休息，总觉得自己是父母的"童工"，每天的工作内容就是"学习"，而老师则是"监管员"。这种想法是错误的。著名教育专家林格曾说："当你感觉学习是为了别人，无论是满足家长还是老师的要求时，学习的动力就会降低；当你的学习能满足自己的好奇心，能收获美感和满足感，不用被人催促和监督，这种学习才是最有效的。"所以说，女孩，你要时刻提醒自己，学习是自己的事情，如果能找到方法和技巧，你就会收获良多。

延伸阅读

如何让自己爱上学习

积极的心理暗示	找回学习兴趣	激发兴趣	想象情景
★	★	★	★
不断地提高信心，改变自己对待学习的态度	想一想自己从幼儿园开始就在不断地学习，找一下当初的自己	学习很枯燥，只有激发兴趣才会激发求知欲，让自己爱上学习	发散自己的想象力，设置场景，从而提高学习兴趣

妈妈说给
@青春期女孩的话

女儿，你千万要记住，你学习并不是为了爸妈，而是为了你自己。平时妈妈对你学习比较严苛，看来你是误会我了。每个家长都希望自己的孩子学习好，取得优异的成绩。有些时候，看到你不好好学习，我会难过、生气，甚至会责骂你，因为做父母的都担心自己的孩子现在不好好学习，将来很难在社会上立足，所以希望你能明白妈妈的一片苦心。

至于到底为什么要学习，女儿，你知道吗？我们每个人的成长过程都离不开学习，小时候学习基本的生活技能，上学后学习各种文化知识，你可能要问这些知识有什么用。妈妈告诉你，学识可以看出一个人的素养，平时你若能将所学的知识应用到生活中，可以解决很多问题。

女儿，学生时代是人生中最美好的时期，希望你能明白学习的意义，好好珍惜现在的学习机会，为自己的未来打造坚实的基础，朝着自己的目标一步步前进。

总是担心考试考不好

人物	楚楠
性格	争强好胜、内心温柔
困扰	学习一直很努力，但总看不到成绩
事件	这次考试，又考砸了

✳ 考试过后的烦恼

楚楠上周参加了期中考试，成绩还没出来，等待成绩的这几天，她非常担心，总怕考不好。其实，刚出考场的时候，朋友问她情况，她感觉还挺好的。

等了好几天，今天终于要发数学试卷了，楚楠很紧张。她还听同学们说，语文试卷也批改完了，只是分数没有统计出来，陈老师说整个年级考得都不理想，高分不多，全年级90分以上的只有十几个，多数是80多分。"如果我的语文能考90多分，就有可能考到前几名了！"楚楠默默地想。

整整一天楚楠都在恍惚中度过。晚上回到家，她又向妈妈说起了考试成绩的事儿。妈妈温和地告诉她："考完了，就不要想了。不管怎样，担心也没用。考得好，说明你知识点掌握得牢固，做题细心，发挥正常；考得不好也没关系，我们找找原因，下次争取考好，只要努力了就行，没必要总为这次考试烦恼！"

"妈妈，我考得好的时候，你很高兴，这我看得出来。可是考得不好的时候，你说没有关系，虽然你嘴里这样说，但心里也是这样想的吗？"楚楠疑惑地看着妈妈。

"是呀！妈妈真的觉得没有什么。因为在你一生的学习中，会经历无数次大大小小的考试，如果要求次次成功，那是不可能的。就像打仗一样，不可能次次打胜仗，没有常胜将军，关键是要在失败中总结经验教训！"

"下次一定好好发挥！"听了妈妈的话，楚楠说道。

专家解读

青春期是寻求自我价值最重要的时期，对于中学生来说，这个时期面临学习、升学压力，导致很多学生在考试前或考试后出现紧张和焦虑的现象。有些学生在考试前睡不着，吃不好，也无心看书；有些学生总担心考不好，一直处于自责的状态。对于青春期的孩子来说，这两种状态都是不好的。考试是学生学习过程的重要环节，每一场考试不仅是智能的竞赛，更是心理素质的较量。所以，要想考出好成绩，除了扎实地掌握课本知识，心理素质也不可忽视。

延伸阅读

自卑心理：对自己没信心，总是处在不停地抱怨状态

积极的自我暗示：心里默想我能行、我可以、我一定能成功

造成焦虑心理的原因

应对焦虑心理的策略

内疚心理：每次考试父母都会很关心，觉得考不好愧对父母

调整心态、正视压力：父母的关心不是累赘而是动力

恐惧心理：害怕考不好别人会冷嘲热讽

自我减压：多听歌、散步，调整心态

妈妈说给
@青春期女孩的话

女儿，妈妈知道你的考试压力很大，你总是担心考不好。妈妈知道你对自己要求严格，好胜心很强，面对考试会紧张。这种紧张状态给你带来压力，刺激你的神经，让你不能安心。

妈妈相信你的实力，有时考不好可能是粗心的原因，如简单的计算题也出错导致丢分。以后改掉粗心的坏习惯，成绩就会越来越稳定。你不要把分数看得太重，也不要给自己过多的压力。

妈妈的愿望很简单，就是希望你能开心地学习，对任何事情都能保持一颗平常心，平安快乐地生活。

一不小心厌学情绪找上门

人物	紫晴
性格	机灵、可爱
困扰	喜欢唱歌跳舞，不想学习
事件	上课越来越听不进去，不想上学

❋ 考试为什么不考唱歌呢？

小时候的紫晴聪明、可爱，在 13 岁之前，她成绩一直很好，在班级中稳居前五名。自从上了初二，她的学习积极性大大下降，成绩一落千丈。期中考试成绩出来，紫晴在班上竟排在 30 名之后。妈妈批评她，她要么不理不睬，要么就顶撞妈妈，并且还做出一些危险的动作，如用裁纸刀割手指等。遇到不会做的题目，紫晴也不愿意思考，更不愿意请教别人，缺乏上进心。

现在，紫晴爱上了唱歌跳舞，并参加了歌舞训练班，她声称那是她的最爱。面对繁重的学习，紫晴满不在乎。她每天戴着耳机，边听歌边跳舞，甚至还半夜偷偷起来看《中国好声音》，结果学习成绩一塌糊涂。爸爸妈妈看在眼里、急在心上，经常批评紫晴："你是个学生，学习最重要，为什么把精力全都放在唱歌跳舞上呢？"

"如果考试考唱歌就好了……"紫晴嘟囔着。

专家解读

在青春期之前，由于女孩不那么好动、好玩，学习成绩通常会比较稳定，可是进入青春期之后，女孩的生理上出现了显著的变化，由此引起了心理上的变化，很多女孩内心都存在着很大的困扰。学习上，女孩通常对物理、化学课程不太擅长，学起来很吃力，学习效果又不好，因此很容易产生厌学情绪，有些女孩甚至会对学习失去信心，最后破罐子破摔。

当女孩在主观上对学习失去兴趣，产生厌倦情绪和冷漠态度时，客观上会表现出明显的厌学行为。一般来说，厌学是学生对学习产生负面情绪的表现，学生时常感到学习非常枯燥，对学习提不起兴趣，主动性极差，不明白的问题也不想去弄清楚，就像紫晴一样，缺乏上进心。

另外，很多女孩承受着分数、名次的压力，没有自由，在书山题海中拼得筋疲力尽。学习的乏味、父母的期盼、一次次的考试失利让青春期的女孩烦恼不已。这些烦恼又会进一步加重青春期女孩的心理压力，使她们更加不爱学习。

延伸阅读

父母提出不切实际的要求，逼迫孩子学习，扼杀其兴趣

寻找孩子真正的兴趣，激发学习动机，培养主动学习的习惯

产生厌学情绪的原因

应对厌学情绪的方法

学业负担过重，学校生活过于紧张

巧妙引导，善用寓教于乐的方法

妈妈说给
@青春期女孩的话

女儿，妈妈知道上学很累，尤其是当你跟不上老师的节奏时，你就会产生厌学的情绪。当你心里不想学习时，知识肯定进入不到脑海中。日积月累，不会的知识越来越多，你就会对这门功课更加厌烦，从而越来越抵触。

女儿，在学习中，你要学会克服困难。要有坚强的意志力，意志力具有行为动机的作用，比一般动机更具目的性和持久性。妈妈知道青春期的孩子由于不太成熟，所以难以控制好自己的行为，当面对诱惑的时候，容易分心，容易把学习抛之脑后。但妈妈希望你能对学习产生兴趣，对不喜欢的科目多些耐心，重新认识并尝试深入了解这些科目，你就会觉得它并没有你想的那么枯燥无味了。

女儿，妈妈希望你在青春美好的年纪做你该做的事，不要一味地纵容自己！

我就是不想上这个老师的课

人物	珈芃
性格	倔强
困扰	不喜欢物理老师，不想上他的课
事件	物理课上被老师罚抄写

※ 老师惩罚我

物理是珈芃各门功课中最为薄弱的一门，并不是她对物理没有兴趣，而是她对物理老师有意见。原来的物理老师教学方式新颖，很受同学们欢迎，但是后来被调走了。新来的物理老师虽然能力很强，但比较严肃，整天板着脸。

有一次，老师在课堂上提问，珈芃没有回答出来，老师罚她抄写二十遍。珈芃交上去后，物理老师说其中有些是同学帮忙抄的，又让她抄写二十遍，从此，她便觉得这个老师处处针对她。珈芃向老师提出抗议，老师却说如果不想上他的课，可以跟班主任申请，放学后珈芃就去找了班主任。

这是珈芃在学习生涯中第一次状告老师。她来到班主任的办公室，声泪俱下地控诉了抄笔记浪费时间、不利于学习，并表达了物理老师的做法严重侮辱了自己等看法。总而言之，她不想上物理课。

班主任没有立即回答她，而是让她好好思考一下。后来，虽然珈芘还是得上物理课，但是物理老师再也不罚她抄笔记了。

专家解读

升入中学，学习科目增多，有些女孩认为某些科目很难，尤其是数学、物理、化学等，很容易成为"软肋"，因为学不好而放弃；也有一些女孩因为不喜欢某科目的老师，而放弃整个科目的学习。

如果你和珈芘一样，喜欢这个学科却不喜欢老师，想放弃，那太不理智了。老师是你人生道路中的指导者，千万不要因为一件小事就放弃学习的机会。要明白，学习一门课程不是为了某个老师，而是为了我们自己，是为了丰富知识、提高能力。当老师批评你时，你可以抱着一颗感恩的心去接受，有意见要及时与老师沟通，如此你才会学得更好。

延伸阅读

面对不喜欢的老师，可以这样做

老师并没有你想象中那么可怕

老师是学生人生道路的一盏明灯，既给学生指出正确方向，又带着学生前进

把对老师的反感转化为学习的动力

不喜欢老师没关系，但老师所教的知识你还是需要学习的

妈妈说给
@青春期女孩的话

女儿，妈妈知道青春期是女孩的叛逆期，但你也要懂"师者，传道授业解惑也"的道理。

老师也是人，难免有缺点，但老师毕竟是长者，你要尊重老师。

当然，尊重老师并不等于你要完全认同老师的做法，对老师有意见可以向老师提出来，只是需要讲究一些技巧。老师对学生，其心愿和动机都是希望学生能够进步，但是因为每个老师的性格、教育理念和教育方式等不同，老师的教育风格也不一致，有的老师可能温柔一些，有的老师可能严肃一些，这都不可避免，你要学会适应老师的教育风格，而不是一味地排斥。

女儿，最后妈妈要告诉你，即使面对你自己不喜欢的老师，也不要影响对这一科目的学习，那样受影响最大的还是你自己。无论何事都不能因小失大，要学会区分轻重，做个真正的智者。

对于学习，我为什么总是记不住

人物　　　静禾

性格　　　内向腼腆

困扰　　　总是记不住知识点，记了忘，忘了记，不断循环

事件　　　老师抽查背诵，没记住

※ 英语课上的囧事

这天，上英语课的时候，老师让静禾背诵课文，她本来是自信满满的，但背了几句之后就支支吾吾起来，怎么都继续不下去了。老师叹了一口气，摆摆手让她坐下。静禾很纳闷，昨天刚背的课文，今天怎么就忘得一干二净了，难道睡一觉后就变糊涂了？晚上回家后，她拿着课本又读了几遍，结果越看越烦，越烦越着急，越着急越记不住，便嘟哝道："我这是什么破记性啊，老是忘，如果能像那些记忆天才一样过目不忘就好了，这样就不用对成绩发愁了。"

第二天去学校以后，静禾听到同桌也在不断抱怨记不住课文的事，看来不止她一人这样，大家都希望有一种改善记忆力的方法来克服遗忘，可是真有这种方法吗？回家吃饭的时候，静禾向妈妈提出了心中的疑惑。妈妈说："人的大脑的功能只有很小的一部分被开发和利用，大部分脑细胞还没有得到充分的使用。想要提高记忆力，就要掌握一定的方法，因为人的记忆能力的差距在很大

程度上是由记忆方法的差距引起的。"

静禾觉得妈妈说的有一定的道理，死记硬背看来不是正确的记忆方法。

专家解读

女孩一进入青春期，总会觉得记忆力在不断退化，甚至有很多女孩会感觉健忘的毛病越来越严重。就像下面这些女孩说的一样：

"上课的时候总是会被各种事情打扰，注意力不集中，写作业拖拉。"

"学习效率很低，明明早上才背熟的英文单词，一上课就全忘了！"

"小学时，背课文可快了，可是上了初中之后，一篇文章要背两天。"

"不知道是不是自己变笨了，现在背什么都慢，而且忘得快！"

……

女孩，当你也出现这些问题时，并不是你学习不认真、不努力，而是你没有找到正确的记忆方法。学习效率和记忆力有着紧密的联系，掌握一定的记忆方法和记忆规律，学习起来会事半功倍，不仅能保证按时完成学习任务，还会提高学习质量和效率。

延伸阅读

记忆法主要分为以下厂种：

1　机械记忆法
单纯的死记硬背

2　抓重点法
以点带面记忆

3　理解记忆法
理论联系实际

妈妈说给
@青春期女孩的话

女儿，记忆的大敌是遗忘，提高记忆力实际上就是尽量克服遗忘，在学习中，你可以通过掌握记忆规律和方法来提高和改善记忆力。

要知道，不断回忆才能牢记，因为学习本来就是一件反复遗忘而不断复习牢记的过程，常回忆并尽可能记得精细，这是锻炼记忆力的好方法。

托尔斯泰说过："我每天做两种操，一是早操，一是记忆力操，每天早上背书和外语单词，以检查和培养自己的记忆力。"女儿，你知道吗？托尔斯泰的"记忆力操"其实就是反复回忆和复习，你也可以通过不断回忆来提高自己的记忆力。

我最痛苦的事情就是得不了第一名

青春期
小档案

人物	嘉琦
性格	争强好胜
困扰	我在学习上已经很努力了，可每次考试都在五六名徘徊
事件	总是考不到第一名

✳ 为什么我就不能考第一？

嘉琦学习很努力，但每次考试，成绩排名都让她很痛苦。她在日记里写道："每次考完试都很难受，却不知道该向谁诉说，也不敢告诉任何人，因为我不想让任何人知道，我是个失败者。尤其对于爸妈来说，我绝对不能让他们知道。"

嘉琦从小就是爸妈的骄傲。嘉琦小学时，爸爸每逢遇到熟人都会赞扬女儿的学习成绩，他恨不得让全天下人都知道年级第一名就是自己的女儿。可自从升入中学，嘉琦就再也没有得过第一名了……

无论她怎样努力都不能如愿以偿。其他同学一天睡七八个小时，嘉琦就睡六七个小时；其他同学周末出去玩或聚会，嘉琦从不参加，她总是把时间都用在学习上，尽管她如此努力，可每次排名还是不尽如人意，她总是在五六名徘徊。让她想不明白的是，为什么自己不能像从前一样，总是第一名。没有人知道嘉琦有多么渴望考第一名，每次成绩出来后，她都会偷偷地咬自己的手指，好几次手都被咬出血了。

对于学习，嘉琦最担心的就是分数和排名，因此，她非常害怕考试。现在，嘉琦上课经常走神，脑子里全是排名。她不断地问自己，明明很努力，明明很认真，为什么就是考不了第一名？为什么成绩就是没有起色？她很不甘心，因为她不想做一个平庸的女孩，考不了第一名这件事压得她喘不过气来。

专家解读

青春期女孩在学习上面临的困扰是：明明自己很努力，但考试成绩却不太理想。青春期女孩在整个学习阶段，学习成绩与其学习习惯有着密切的联系。

研究发现，女孩学习好坏，20%和智力有关，80%取决于非智力因素。在信心、兴趣、意志、习惯等非智力因素里面，习惯占据着主导地位。

对于学习不要对自己太过苛责，一次两次考不好并不代表学习能力差。女孩，你要相信付出总会有回报，现在没有考好是因为你积累的知识还不够，等知识积累到一定程度时，成绩就会得到显而易见的提高。女孩，请你相信，只要你用心了、努力了，那些你记住的知识，都会牢牢地跟着你。即使你失败了，也不要难过，因为每次波折，只会让你变得更坚强。

延伸阅读

养成上课好好听讲的习惯，可以从以下几个方面入手

认真听讲　聚精会神地听讲，充分理解老师讲课的内容

多动脑思考　积极思考，边听、边看、边思考，把新旧知识联系起来，做到举一反三

善于归纳学习内容	对老师课堂上讲授的内容，要抓住重点，力求当堂理解
注意看老师的板书	全神贯注地看老师的板书，仔细观察、认真领会
主动练习发言	课堂上要大胆发言，勤学多练，从而加深理解
认真做笔记	对老师讲的要点、难点要简明扼要地记在笔记本上

妈妈说给
@ 青春期女孩的话

女儿，妈妈不希望你次次考第一名，你只要脚踏实地学习就好。

妈妈给你讲一个一只圆环的故事：有一只圆环，它非常想第一个跑到终点，所以它所有的注意力都集中在如何让自己转得更快上。但是，当还有五分之一的路程就能到终点时，它的一个零件突然脱落了，圆环没办法，只能缓慢前行。可是它突然发现，路边有朵橙色的花非常漂亮，还有工人喷洒草坪时形成的水雾中有一道彩虹。这时圆环忽然明白，原来最美好的事，并不是第几个跑到终点，而是在奔跑的过程中收获到了什么。

女儿，妈妈想对你说：我们不可能永远是第一名，不管你多优秀，人外有人，天外有天。人生不可能总是一帆风顺，只有接受不完美，才不会害怕失败。你要注重学习的过程，只要努力了，学习结果并不重要。

图书在版编目（CIP）数据

好妈妈送给青春期女孩的礼物：完全图解版 ／ 李少
聪著 . -- 北京：朝华出版社，2017.11（2019.6 重印）
　ISBN 978-7-5054-4092-0

　Ⅰ．①好… Ⅱ．①李… Ⅲ．①女性－青春期－健康教
育 Ⅳ．① G479

　中国版本图书馆 CIP 数据核字（2017）第 233103 号

好妈妈送给青春期女孩的礼物（完全图解版）

作　　者　李少聪

选题策划　艺良教育 付春琳
责任编辑　赵　曼
特约编辑　王红静
责任印制　张文东　陆竞赢
封面设计　艺良教育

出版发行　朝华出版社
社　　址　北京市西城区百万庄大街 24 号　　　邮政编码　100037
订购电话　（010）68413840　68996050
传　　真　（010）88415258（发行部）
联系版权　j-yn@163.com
网　　址　http://zhcb.cipg.org.cn
印　　刷　北京墨阁印刷有限公司
经　　销　全国新华书店
开　　本　710mm×1000mm　1/16　　　　字　　数　226 千字
印　　张　15
版　　次　2017 年 11 月第 1 版　2019 年 6 月第 3 次印刷
装　　别　平
书　　号　ISBN 978-7-5054-4092-0
定　　价　35.80 元